2024・2025

教務主任の仕事 A to Z 楽しくやりきる 90のコツ

編集 **喜名朝博**

国士舘大学教授　元全国連合小学校長会会長

教育開発研究所

はじめに

　本書を手にしていただいたのは、教務主任としてすでにご活躍されている方だろうか。それとも、いずれ教務主任になることが予定されている方だろうか。または、教務主任のあり方について考え直したいと考えている管理職の方だろうか。もしかしたら、学校経営に興味をもち、教務主任の役割について探っていきたいという方かもしれない。いずれのニーズにも応えられるような内容構成になっているのでご安心いただきたい。

　本書は、教務主任のためのハウツー本ではない。学校運営の実務者としての教務主任の職務を通して、学校経営のあり方や教育課題への対応について考え、改善・解決の糸口を示すことをめざしている。序章から終章まで、9章90項目で構成されているが、各項目の冒頭には〔教務主任の仕事が「はかどるポイント」〕として、その糸口を端的にまとめてある。

　教職員の多くは、学校経営は管理職の仕事であると考えている。確かに学校経営計画や学校経営方針を作成し、教育目標の実現に向けた道筋をつくっていくのは校長の仕事である。学校の責任者として意思決定も行う。しかし、実際は教職員一人ひとりが日々の教育活動を着実に進めていくことで学校経営は成り立っている。学年経営や学級経営の総体が学校経営だとも考えられる。これからの学校は教職員一人ひとりが学校経営への参画意識を高め、組織の一員として自らのもてる力を最大限に発揮していくことが求められている。いわゆる「チームとしての学校」の考え方であるが、その先頭に立つのが教務主任である。

　ただ、教務主任の職務は多岐にわたっている。日々の学校運営を円滑に進めるだけでなく、事務的な仕事も多い。その事務仕事を効率的に進め、より創造的な仕事のために時間をつくっていかなければならない。学校の情報化の推進はその一助となっており、教務主任の仕事の仕方も変わってきているはずだ。

3

一方、学校は常に課題山積である。目の前の課題が解決しないうちに、新たな教育改革の波に翻弄される。学校における働き方改革も進まない、教職希望者も減少し、慢性的な人材不足も学校を疲弊させている。そんな状況とは関係なく、今日も明日も子どもたちは元気に登校してくる。子どもたちを前にすると最善を尽くそうとするのが教員の性であるが、限界を感じている教員も多い。

　それでも、教務主任が元気で明るく仕事をしたり子どもたちとかかわったりしている姿は、周りの教職員を元気にする。職員室の雰囲気づくりや心理的安全性の確保が学校経営上の課題となるなか、教務主任の立ち居振る舞いが重要になってくる。

　教員はその職務を通して、子どもたちや同僚とかかわりながら、教員としてだけではなく、人としても成長していく。教務主任の職務を全うすることは、この成長を加速させる。立場が人を成長させると言われるように、教務主任は多くの人とかかわるなかで、より相手の立場に立って考えられるようになる。管理職の視点で学校経営を考えたり、子どもたちの視点で学校運営を考えたりすることによって、見方や考え方が広がっていく。これこそが人として、教員としての成長である。

　本書には教務主任への二つの願いが込められている。それは、教務主任の創造的な発想が学校を変えるという矜持と教務主任が学校を動かしているという覚悟をもってもらいたいという願いである。それは、教務主任への期待と応援でもある。

　本書が学校経営のあり方や教育課題への対応について考え、解決に向けた端緒となるとともに、教務主任としての仕事の仕方、生き方の参考になれば幸いである。

2024年2月　編者・喜名 朝博

目次

はじめに　3

4章　教育課程編成のコツをつかむ

川原　哲郎

5章　人材育成・研修にはこうあたれ

久保田　恵美

6章　学校行事はこう仕切れ

望月　潔

7章　保護者・地域との関係をつくる

太田　智恵

序章

教務主任
10のマインドセット

国士舘大学教授　喜名 朝博

学校を動かす責任とやりがい

はかどるポイント

①教務主任の計画が日々の教育活動を回しているという気概をもつ。
②管理職との連携が教務主任の気持ちを軽くする。
③率先垂範で学校は変わり、教務主任の仕事が円滑に進む。

　教務主任は管理職ではない。しかし、他の誰よりも学校について理解しており、学校運営にも直接携わることになる。それだけ責任も重く仕事量も多くなるが、それは教務主任としてのやりがいにもつながる。そんな教務主任のマインドセットは、自分の能力は経験や努力によって向上できるという成長型マインドセットでなければならない。本章では、教務主任としての見方・考え方、生き方について「10のマインドセット」として解説していく。

〈教務主任の気概をもつ〉

　教務主任の最も大きな仕事は次年度の教育課程をはじめとする教育計画を作成することである。そして、新たな年度を迎えれば、自ら作成した教育計画を円滑に進めるための進行管理とさまざまなアクシンデントに対応しながら臨機応変に計画を修正していくことになる。日々の教育活動を回しているのは教務主任なのである。

　それだけその責任は重いが、それを教務主任としての気概として昇華することが重要である。不測の事態を乗り切り、計画どおりにならないことも受け入れつつも、学校を動かしていることを楽しむ心の余裕をもちたい。それが、教務主任としての成長を促すことにつながる。

〈管理職との連携〉

　教務主任には、教頭・副校長といった管理職との連携が欠かせない。教務主任と管理職では、その職務内容が大きく異なり、教務主任の職務に対し、指導・助言したり、ともに改善を図ったりする立場にあるのが管理職である。逆に言えば、教育活動のすべてに責任をもつのが管理職であり、管理職の指導・助言のもとで教務主任が責任を問われることはない。そう考えれば、気持ちが楽になり、自らの主体性を発揮して職務に専念することができるのではないだろうか。だからこそ、教務主任は管理職との意思疎通、連携を密にしていくことが欠かせない。

〈率先垂範〉

　組織としての学校はさまざまな教職員等で構成されている。子どもたちの教育に直接かかわる教員だけでなく、詳細な教育計画は誰にとっても日々の業務の指針となるものである。さらに、校長の学校経営計画や経営方針を具現化していくための判断基準にもなることを考えると、それを順守し、確実に実行していくことが円滑な学校経営につながる。だからこそ、教務主任には言行一致、さらには自ら範を示す姿が求められる。自ら立てた計画を反故にしたり、説明なく変更したりすることは信頼を失う。教務主任の率先垂範で学校は変わる。さらに、そのことで教務主任の仕事はより円滑に進むことになる。学校を動かす責任とやりがいは、自らそのなかで最善を尽くすことによって確かなものになっていく。

〈教務主任に求められるもの〉

　学校を動かすという気概と責任をもつことは前述のとおりであるが、それだけでは学校は動かず、組織も機能しない。教務主任には、先見性や洞察力、人間性やミドルリーダーとしてのリーダーシップ等、さまざまな資質・能力が求められる。さらに、ICT等のコミュニケーションツールの活用といった校務にかかわる技能も必要である。その詳細については第1章以降で解説していくが、学び続ける教師として、率先して自己研鑽に励む姿を体現していく必要がある。

管理職とは異なる立場で

はかどるポイント

①管理職ではないからこそ教務主任の視点が欠かせない。
②教務主任の視点と視座をもつ。
③情報が集まってくる仕組みをつくる。

　教務主任には管理職ではないことの強みがある。それは、管理職とは別の視点をもっていることである。子どもたちや他の教職員とも近い教務主任の視点は、学校経営にとってたいへん重要である。校長や教頭・副校長が独善的にならないようにするためにも、教務主任としての視点と視座を確立していきたい。そのためにも、学校の情報が集まる体制を整え、それを分析・整理して管理職に伝えるためのスキルを身に付けておく必要がある。子どもたちと教職員のウェルビーイングの達成に向け、管理職に進言することも教務主任の重要な役割である。

〈管理職とは異なる視点とは〉

　学校経営計画に基づいて学校経営を担うのが管理職である。とくに管理職は、国や都道府県、設置自治体のなかの学校として自校の経営を考えていくことになる。もちろん、自校の子どもたちや教職員の状況、教育活動の進捗状況やその効果も見ている。問題が起こらないように事前に対応し、問題発生時にはその解決に最善を尽くしている。ここで重要なのは、学校の現在の状況をつぶさに理解している教務主任の視点である。学校運営を担う教務主任の問題意識や学校運営のアイディアによって、管理職とともによりよい学校運営を実現していきたい。

〈教務主任の視点と視座とは〉

　視点とは、物事を見たり考えたりするポイントである。教務主任は、教育課程の策定および進行管理という大きな役割があるが、教育課程の確実な実施という視点で日々の教育活動を見ていくのが教務主任の視点となる。一方、視座とは物事を見る姿勢や立場であり、視点の高さであると言い換えることができる。教務主任の立場で物事を見ることはもちろん、子どもたちや教職員、保護者の視座で物事を見ることで、見える範囲が格段に広がる。さらに、管理職の視座をもつことで、よりよい学校経営を考えることができる。教務主任の視座は、その立場に留まることなく、自由に移動できることが重要となる。

〈情報が集まってくる仕組みをつくる〉

　管理職にとって教務主任は最も頼りになる存在である。管理職から学校運営にかかわる状況を問われたとき、その期待にそえるようにしておきたい。そのためには、学校全般にかかわる情報をもっていることが重要である。「何かあったら教務主任に相談」「心配事は教務主任へ」といったスローガンのもと、教職員からの情報が集まる仕組みをつくり、情報が集まるようにしておきたい。

　ここで留意したいのが「悪い情報ほど早く」という原則の徹底である。初期対応が遅れると問題がこじれたり、長期化したりしてしまう。少しでも気になることがあれば、教務主任に伝えるという校内の雰囲気をつくっておくことが重要になる。

〈教務主任に求められるもの〉

　人は誰もが不都合な事実を伝えることに躊躇してしまう。そうならないようにするためにも、職場の心理的安全性を確保していくことが求められる。それは、学校という組織のなかで自分の考えや気持ちを誰に対しても安心して発言できることである。年齢や経験年数など多様な教職員構成のなかで、心理的安全性を確保するために、教務主任自身がその人間性を発揮し、職場の雰囲気を明るくしていくことが求められる。

上手くいって当たり前

はかどるポイント

①教務主任の仕事はうまくいって当たり前。

②学校と教職員を支えるには綿密な計画が必要。

③日々の業務改善が自己を成長させる。

　日々の教育活動は教務主任が作成する教育計画に基づいて行われる。年間計画、月ごとの計画、行事などが予定されている場合には1日単位の詳細な時程がつくられる。教職員はそれに基づき、見通しをもって教育活動を進めていく。教務主任の計画が頼りなのだ。一方、それは上手くいって当たり前、計画に不備があってはならないのである。そのためにも綿密な計画が必要となる。誰にも伝わりやすく、過不足のない計画をつくるためには、日々の業務改善が必須となる。

〈上手くいくとは〉

　計画が分かりにくかったり、不備があったりすると教職員は混乱する。子どもたちにかかわる計画であれば、時間的な無駄だけでなく危険にさらすことになるかもしれない。教務主任が作成する種々の計画は、実行されて初めて評価される。しかし、その評価は上手くいくのが当たり前なのである。「計画がよくできていました」「おかげさまで上手く進みました」と感謝されることは少ない。逆に少しでも遅滞や迷うような場面があれば、計画の不備を指摘されることになるが、それも改善のチャンスであると捉えたい。

　上手くいったことは教務主任自身が評価できるが、計画の不備も見えてくるはずだ。それこそが業務改善のスタートとなる。

〈綿密な計画を立てるとは〉

　綿密な計画を立てるとは、教務主任自身が脳内でシミュレーションを繰り返すことである。計画をシミュレーションしながら、時間どおりに進行するか、担当者の動きはどうか、人流や動線はどうかといった視点で検証していく。少しでも気になる場面が想定できれば、修正を加えていくことになる。

　さらに、重要なのは他者からのチェックである。教務部会のメンバーに見てもらったり、起案する前に教頭・副校長等に助言を受けたりすることで万全を期すようにしていきたい。そして、最も大切なのは、誰にも伝わりやすい表現になっていることである。

〈業務改善の意識〉

　教務主任の仕事が滞っていたり、十分に練られた計画が提案されなかったりしても、学校は教職員の相互フォローでなんとか成り立ってしまう。それが組織の強みであるが、それ続けると組織は疲弊していく。教務主任はこの事実を認識しておきたい。上手くいっているように見えて、その裏で教職員がフォローしているかもしれないという冷静な目で実態を捉えていきたい。

　教務主任の仕事が上手くいっているとしても、改善の余地は必ずある。これでいいと思った瞬間に業務改善は停止する。行事等の評価や年度末評価等を受け、次の計画や学校運営に反映し、よりよい学校運営をめざすのが教務主任の仕事の仕方である。

〈教務主任に求められるもの〉

　教務主任の仕事を進めるうえで欠かせないのが想像力である。計画をシミュレーションすることで障害を予想し、それを乗り越える計画を立て直す。さらに実施後の他者からの評価や自己評価をもとに次回の改善策を立案しておく、この繰り返しによって教務主任の力量は高まっていく。学校運営はそのまま、教務主任の力量の反映なのである。さらに、種々の計画を分かりやすく表現し、説明するといった表現力も教務主任に欠かせない能力のひとつである。教師としての学び続ける力は、教務主任にも求められる。

感謝と敬意

はかどるポイント

①自分だけの力ではないという自覚が必要。

②時には厳しいことも言わなければならない。

③教職員への感謝と敬意を忘れない。

　教務主任には学校を動かしているという気概が必要である。しかし、独善的になってはいけない。学校はすべての教職員の力を結集することで成り立っていることを忘れてはならない。教務主任自身の不備を陰でフォローしてくれることもあるだろう。逆に、学校として取り組むべきことができていなければ、厳しいことを言わなければならないこともある。教職員の心理的安全性を確保する意味でも、教務主任自身が教職員への感謝と敬意を具体的に示す行動を取っていきたい。

〈自分だけの力ではない〉

　教務主任の仕事は、計画・準備が中心、実際に計画を進めていくのは教職員である。教職員が教務主任の計画に従って行動することで学校は動いていく。教職員の共通理解と共通実践がなければ学校は動かないということも肝に銘じたい。その意味でも、詳細な計画とていねいな説明が必要なのはこれまで述べてきたとおりである。

　仕事をしている以上、教職員が互いに協力しあうのは当然のことである。しかし、気持ちよく仕事をするには、教務主任はもとより教職員相互の人間関係が良好に保たれていることが必要になる。教務主任には、率先して教職員の関係性をよくしていくための具体的な行動が求められ、それが教務主任の仕事を円滑に進める。

〈時には厳しいことも言うべき〉

　学校は組織であり、教職員一人ひとりが校長の学校経営計画の具現化をめざして職務を遂行していくことが基本である。その具体的な道筋を付けていくのが教務主任の役割であり、教職員全員で共通理解を図り、共通実践を進めていくことになる。しかし、多様なメンバーで構成される組織にあっては、共通実践が図られないことがある。共通理解はしているのに確認したはずの共通実践が取れない教職員には、その事実に対し厳しいことも言うべきである。そうでなければ組織としての一貫性に欠けることになる。学校は組織として動いているということを教務主任としてしっかり伝えていきたい。

〈感謝と敬意〉

　学校はさまざまな職種によって構成されている。教員や事務職員・栄養職員の他にも、用務主事や給食調理、補助的な仕事を担う人材やボランティアの方々など、多くの人々に支えられて子どもたちの教育は成り立っている。業務委託なども増えているが、すべての人々が子どもたちのために全力を尽くしていることも忘れてはならない。直接のやりとりは管理職が行うことが多いだろうが、それに次いで関係性が深いのが教務主任である。教務主任としても感謝を示し、敬意を払うことを実践していきたい。そのためにも、積極的に挨拶し、対話を通して関係を良好にしていくとともに、何でも伝えてもらえるような関係を築いていきたい。職場の心理的安全性は、教職員に留まらず、学校全体で保障されるべきものであると考えていきたい。

〈教務主任に求められるもの〉

　学校運営を円滑に進めるには、学校で仕事をするさまざまな人々と良好な関係構築が欠かせない。教務主任には、そのためのコミュニケーション能力が求められる。常に感謝と敬意の気持ちをもって接することができれば、必ずよい関係を築くことができるはずである。謙虚さと意思の強さを兼ね備え、といった人間性に支えられた教務主任をめざしていきたい。

言葉で人を動かさない

はかどるポイント

①組織を動かすことの意味を考える。
②教職員の感情の変化を理解する。
③すぐに動くことで信頼を得る。

　学校は教務主任が立てた計画に基づいて動いていく。組織を動かすとは紙媒体や校務支援ソフト上、時には口頭で周知することから始まる。テキストであれば、必要なときに読み返したり、確認したりできる。口頭では十分に伝わらないこともある。さらに、言葉で人を動かそうとすると、人は反感を抱くものである。教職員の感情の変化を理解し、誰もが気持ちよく仕事ができるようにしていくのも教務主任の務めである。言葉だけで人を動かすことなく、自ら動くことで信頼を得られるようにしていきたい。

〈組織を動かす意味〉

　組織を動かすには、その方向性を明確にしておく必要がある。学校組織がめざすところは、学校の教育目標の実現であり、その道筋が学校経営計画である。すべての教職員がこのことを理解して職務に当たるためにも、教務主任の仕事はすべてこの学校経営計画に沿っていることを示していきたい。計画立案時からそのことに留意し、作成文書のなかにもその位置付けを明記しておきたい。

　しかし、いくら綿密な計画であっても、口頭で説明することで補完されることもある。しかし、それを続けていくと、口頭で伝えればよいことが当たり前になってしまい、これには注意が必要である。言葉だけで人を動かしてはならない。そこには二つの意味がある。

〈教職員の感情の変化〉

　教務主任は、教職員の誰もが気持ちよく仕事を進められるように配慮していきたい。計画に不備があったり、説明が分かりにくかったりすると、教職員は不安と不満を抱くようになる。とくに、言葉でそれを補完することが常体化すると、常に命令されているような不快な感情も湧いてくる。また、組織はよい意味で文書主義である。文書を残すことによって、共通理解が図られ、次回への反省材料となる。言葉で人を動かしていると記録が残らず、次回も同じ問題が起こる可能性がある。このときも教職員は改善されていないという不満を抱くようになる。

〈すぐに動く〉

　計画に不備が見つかったり、表現が分かりにくかったりした場合は、すぐに改善し、改訂案を示していきたい。「〇月〇日改訂版」や「Ver.2（〇月〇日）」等の表記により、最新版を示していく。その際、修正箇所の色を変えるなどして視認性を高める工夫が必要である。さらに、校務支援ソフト上で修正部分だけを共有するという工夫もできる。いずれにしても、すぐに改善し、すぐに周知するという教務主任の動きが重要になる。教務主任のこの姿勢が他の教職員にも波及することで組織力が高まっていく。組織を動かすことは、文書等のテキストで行っていくことである。これは、組織内でちょっとしたこともメモで伝えるということと共通する。

〈教務主任に求められるもの〉

　学校運営は基より、教務主任にはその改善も求められる。その意味で、教務主任には改善意欲が欠かせない。さらに、具体的な改善手法を身に付けていることが必要である。言葉で人を動かすのではなく、綿密な計画を文書で示すためには、伝わるための表現力、資料作成力が重要になるのである。さらに、教職員からの指摘で不備が見つかった場合は、すぐに修正するといった臨機応変な対応力が重要だ。そのためにも「すぐに取りかかる」という習慣を身に付け、先延ばししないようにしたい。

仕事を可視化する

はかどるポイント

①教務主任の仕事を明確にする。
②情報発信の質を高める。
③データを共有できるようにする。

　教務主任は原則として各校に一人であり、教職員にも頼りにされる存在である。しかし、学校のすべてが教務主任の頭の中にあり、教務主任が不在だと学校が停滞するようなことはあってはならない。教務主任の職務を明確にし、可視化できるようにしておきたい。そのためには、教務部会のメンバーで情報を共有するとともに、積極的に情報発信し、誰もが理解しておくようにしていきたい。その手法の一つとして、共有フォルダを作成して教職員が最新情報にアクセスできるようにしておきたい。

〈教務主任の仕事を明確にする〉

　教務主任の仕事は多岐にわたる。その内容は教育課程や教育計画の作成といった職責として担うものだけでなく、校務分掌における教務部会等の業務の進行管理や指導・助言という職務もある。校務分掌表には載らないような仕事もこなし、臨機応変な対応も求められる。教職員からはマルチプレーヤーのように映るかもしれない。教務主任の不在は教職員を不安にさせるかもしれない。

　しかし、組織は属人的であってはならない。教務主任が不在であっても、それに次ぐものが職務を継続できるようにしておくことが重要である。そのためにも、教務主任の仕事内容を公開していくことで、継続性が担保される。

〈情報を発信する〉

　人は情報が得られないことに不安と不満を抱く。組織内で知らされたり、知らされなかったりする人が存在することは避けなければならない。組織における情報発信は、知らせるなら全員に同時に同じように伝えるということが原則である。そのためには、口頭ではなく、文書や校務支援ソフト等で正確かつ確実に伝えていきたい。

　教務主任の適時性のある情報発信は、教職員の共通実践につながり、学校運営を円滑にするだけでなく、教務主任の職務内容の理解促進にもつながる。教務主任は、どんな小さなことでも必要と判断されれば、積極的に発信していきたい。

〈共有フォルダを活用する〉

　情報で組織を統制するようなことはあってはならず、必要な情報はいつでも自由にアクセスできるようにしておきたい。その方法の一つが校内ネットワークにおける共有フォルダである。学校の情報化は、業務改善や働き方改革にもつながる。

　校務分掌に対応したフォルダや教務主任の職務ごとのフォルダ等を作成して、閲覧可能にしておくことで教職員はストレスなく情報にアクセスできるようになる。それは、教職員一人ひとりが学校運営に積極的にかかわることでもある。共有フォルダの活用は校務改善の第一歩である。フォルダ活用は、その作成やルールづくりが前提となる。教務主任の職務として、自校の状況を確認し、より使いやすい環境をつくっていきたい。

〈教務主任に求められるもの〉

　教務主任も組織の一員であり、その職も組織を支える職の一つである。教務主任には、組織の一員として組織を動かしているという自覚が必要である。職としての職務を遂行するとは、教務主任が一時的に不在であったり、後任が引き継いだりしても学校運営が滞ることなく継続できるようにしていくことである。そのためには、自らの職務を可視化するとともに、積極的に情報を発信したり共有したりする取り組みと工夫が求められる。

改善こそ進化

はかどるポイント

①自己満足で終わらせない。

②日々の小さな改善が成長につながる。

③今日の改善が来年度の教育課程につながる。

　教務主任の仕事は上手くいって当たり前、教職員からとくに感謝されることもないかもしれない。しかし、「上手く進んでいる」「問題なく進みそうだ」と安心してはならない。それは、自己満足かもしれない。たとえ計画どおりに進んだとしても、必ず改善点があるはずだ。常によりよいものをめざし、改善し続けることが教務主任としての成長につながる。また、教育活動における日々の改善は、そのまま次年度の教育課程編成につながる。教務主任は常に改善の視点をもって職務にあたりたい。改善こそ進化なのである。

〈自己満足を払拭する〉

　教務主任の仕事は、良くも悪くも直接的に評価されることが少ない。結果的に自己評価に頼ることが多くなり、これでいいと判断してしまう。どんな仕事も「これでいい」と思った瞬間に思考は停止し、改善意欲は減衰する。自己満足で終わらないようにするには、改善こそ進化であるという強いマインドセットをもつことである。さらに、管理職をはじめ、教職員から忌憚のない意見をもらうようにする。校務支援ソフトのコミュニケーションツールを活用して、簡単なアンケートをとったり、自由意見を集約する仕組みをつくったりして改善のヒントにしたい。小さなことでも伝え合える環境をつくっていくのも教務主任の役割である。

〈日々改善〉

　社会の動きが加速しているなかで、昨年度と同じことをしていては相対的に後退である。そのスパンを短くし、昨日より今日を、今日より明日をよりよくしていくために何ができるかを考えていきたい。小さなことでも、変えられることはすぐにでも改善する。次の学期から、来月からと考えていては、改善の時宜を逃すことになる。

　小さな改善を積み重ねていくことを自らに課し、それを続けることは、教務主任としてだけではなく、組織人としての成長につながる。学び続ける教師は、教務主任の職にも通じる。そんな教務主任の改善連鎖を学校全体に波及させていきたい。

〈教育課程をつくる〉

　教務主任は、常に来年度の教育計画、教育課程編成を考えている。その意味でも、今日の改善は来年度の教育課程編成につながっており、効率的に仕事が進められる。学校行事の日程や準備期間の取り方など、今年度の状況を見て来年度の計画に反映できる。また、日々の教育活動で気になっていることも、今から改善策を練っておけばより精緻な計画が立てられる。たとえば、子どもたちの生活時程を変えて生活にゆとりをもたせようと思っても、教職員の勤務時間との兼ね合いや授業時数確保などの課題を解決しなければならない。そこで、今年度中に一部実施したり、実験的な時程で確かめたりすることで、シミュレーションを重ねることができる。すべてが来年度につながっていると思えば改善意欲も高まるはずである。

〈教務主任に求められるもの〉

　よりよい学校をつくっていくための具体策を考え、道筋を付けていくのは校長の役割である。教務主任は、それを確実に遂行していくことが求められる。さらに、実際に学校を動かしている教務主任の視点で日々改善することが校長の学校経営を支えることになる。

　よりよい学校づくりのために、改善意欲が高く、具体的に改善策を提案し、実践できる力のある教務主任は、学校の柱となる。教務主任には、現状をよしとしないマインドセットが必要である。

援助要請行動を取る

はかどるポイント

①問題を一人で抱えない。
②助けを求める。
③援助要請行動を取りやすい職場環境をつくる。

　援助要請行動とは、自分だけでは解決できない問題に直面したときに他者に援助を求めることである。教務主任の職に対する自覚と覚悟は、ともすると一人で問題を抱え込む方向に動くことになる。それは教務主任個人としても組織としてもけっして推奨されることではない。困ったときや行き詰まったときには躊躇なく「助けて」と口に出して援助要請行動を取りたい。管理職はもとより、誰もが相談にのり、手を貸してくれるはずだ。教務主任が率先して援助要請行動を取れば、組織全体での援助要請行動へのハードルが下がる。

〈一人で抱えてもよいことは何もない〉

　教務主任の仕事は、机上で計画を立てるという仕事だけでなく、他者との関係性のなかで行う仕事も多い。人と人がかかわれば、何かしらの意思疎通の問題が生じる。それは教務主任の悩みとなり、精神的な重荷ともなる。そんなときこそ、周囲に助けを求めるべきである。教務主任としてのメンツが潰れるなどと考える必要はない。組織として仕事をしている以上、個人のメンツは問題ではない。それよりも、一人で問題を抱えることで問題が大きくなったり、こじれたりすることのほうが、影響が大きい。

　そのためにも、教務主任の仕事を可視化し、周囲に知らしめるとともに、必要なときには助けを求められることが重要である。

〈「助けて」と口にする〉

　困ったときには「助けて」を口にしたい。「たいへんだ」と騒ぐことも重要だ。その困った状況を周囲に知らしめることがポイントとなる。教務主任の問題は学校の問題であり、それを皆で共有することに意味がある。援助要請行動を取ることは、恥ずべきことではない。問題を一人で抱え、問題が大きくなることのほうが恥ずべき行動である。

　助けを出す相手は、内容によって異なる。対外的なことであれば管理職に相談すべきであり、さまざまな要因で職務に手が回らない場合は教務部会などに仕事を分担してもらうことが考えられる。そして、最も重要なことは、なるべく速やかに声をあげることである。

〈心理的安全性と援助要請行動〉

　組織内で誰もが「手を貸してほしい」「教えてほしい」と口に出せること、援助要請行動が取れることは、職場の心理的安全性が担保されていることに他ならない。組織のなかで自分の考えや気持ちを誰に対してでも安心して発言できる状態である心理的安全性は、組織環境の条件となっている。そんな環境をつくっていくのも教務主任の役割である。教務主任自身が率先して周囲に助けを求める行動を取れば、他の教職員の援助要請行動へのハードルが低くなる。安心して職務を遂行できる環境であれば、仕事の効率も上がり、何より子どもたちへの接し方が変わる。それが教育の質の向上となり、好循環が生まれる。教務主任の心持ちには、学校を変える力がある。

〈教務主任に求められるもの〉

　教務主任のプライドは、学校を動かしているという自覚から生まれる。それは、何でも完璧にこなすことではなく、いいことも悪いこともオープンにしながら仕事を進めることである。気負うことなく、管理職や教職員と情報を共有しながら仕事を進めていこうという姿勢が求められる。さらに、心理的安全性の確保や援助要請行動が取りやすい環境をめざして、教務主任自身が率先して自己開示できるメンタルが求められる。

教務主任のメンタルヘルスを保つ

はかどるポイント

①教務主任の心の健康を保つ。
②メンタルヘルスを保つ術をもつ。
③教職員のメンタルヘルスにも関心を向ける。

　教職員のメンタルヘルスを損なうことによる病気休暇等が増加しており、教職員のメンタルヘルスは喫緊の課題となっている。教務主任も含め、教職員の援助要請行動の取りやすさは心理的安全性の確保につながる。さらに、メンタルヘルスを良好に保つことにも直結する。教務主任自身が自らのメンタルヘルスに留意するとともに、心の健康を保つ術をもつことが重要である。さらに、明るく働きやすい職場環境をつくるために、他の教職員のメンタルヘルスにも心を配っていきたい。

〈自分の心に向き合う〉

　実質的に学校を動かしている教務主任は、ストレスの多い職である。何をストレスと感じるか、ストレスへの耐性も人によって異なるので、自分は大丈夫と過信している場合もある。教務主任としての仕事の進捗、私生活、担任を兼務している場合もあるだろう。そのなかで、仕事を整理し、公私の切り替えを行っていることは自分で考える以上に負担が大きい。だからこそ、自分の心に向き合い、心の声を聞く時間をつくりたい。

　無理が続いていないか、睡眠時間も含めた健康状態はどうか、心と体をスキャニングして、必要ならば休養することを優先するとともに、管理職にも報告、相談しておくべきである。

〈ストレスと付き合う〉

　ストレスが体の不調につながっているとしたら、その原因を探る必要がある。仕事量、対人関係、管理職との関係、責任の重み等、ストレスの原因を排除することができないとしても、その原因を明確にするだけでも気持ちは楽になる。

　ストレスの原因を知り、そのストレスと上手く付きあっていくことがストレス社会の仕事の仕方である。そのためにも、教務主任としてのストレス発散やストレス回避の方法を確立しておきたい。スポーツや趣味の時間をつくり、予定を入れておくことで、仕事へのメリハリが生まれる。

〈教職員のメンタルヘルスにも気を配る〉

　教職員の管理は、管理職の職務であるが、多くの教職員とかかわる教務主任は、そのメンタルヘルスにも気を配っていきたい。教職員のことで気になることがあれば、声をかけるとともに、管理職にも報告していきたい。さらに、積極的にコミュニケーションを取ったり、個人の意見や考えを尊重したりして心理的安全性を高めていきたい。

　また、組織のメンタルヘルスに教務主任が貢献できることとして時間管理があげられる。休憩時間の確保を大前提とし、会議や打ち合わせの時間短縮を図っていく。そのためには、資料の事前配布やアジェンダの共有といった工夫が必要である。また、校務分掌のサポートができるようなシステムを構築することも考えていきたい。

〈教務主任に求められるもの〉

　社会生活を営むことは、常に何らかのストレスにさらされることである。そして、仕事をするためには、そのストレスと上手に向きあっていく力が求められる。とくに教務主任には自己管理としてのストレスに向きあう力と適切に対処できる力が求められる。さらに、教職員のメンタルヘルスにも気を配り、少しの変化にも気付く感性、心理的安全性を高めるための取り組みといった多角的に組織を把握し、改善していこうとする意欲が必要である。

学校を変える

はかどるポイント

①教務主任の夢をもつ。
②理想と現実のギャップを整理する。
③教職員や管理職と語り合う。

　学校経営とは改善し続けることである。改善にゴールはなく、常
によりよいものをめざしていくのが組織のあり方である。その改善
策が校長の学校経営計画であり、その具現化に向けて先頭に立って
行動を起こすのが教務主任である。
　そこで、教務主任自身も管理職や他の教職員とともに、理想とす
る学校の姿を描いていきたい。その夢の姿と現実とのギャップを埋
めていくのが日々の改善である。学校を変えるとは、否定すること
から始めるのではなく、理想に近づけるための創造的な営みである。

〈教務主任の夢〉

　校長の学校経営計画の背景には、校長が描く理想的な学校の姿が
ある。それを共有し、教務主任の視点でも理想とする学校の姿、教
務主任の夢を描いていきたい。それは、「子どもたちや教職員の笑
顔あふれる学校」といった壮大なものでも、「日々の教育活動が計
画どおりに進む」といった教務主任ならではのものでもかまわない。
　夢をもつこと、理想的な姿を想定することで具体的な目標が見え
てくる。さらに、その実現のための具体的な方策が行動となる。そ
の行動と教務主任の仕事が結びつくことで教務主任の仕事は夢のあ
る仕事へと進化する。仕事を楽しむためにも、教務主任自身が夢を
もって職務にあたりたい。

〈理想に近づける〉

　理想の姿に近づくには具体的な方策と時間が必要である。組織の
メンバーが毎年入れ替わっていく学校のような組織は、目に見えて
変わるということは少ない。しかし、1年経ち、2年が経過して
「学校が変わった」と実感したことは誰もが経験しているのではな
いだろうか。だからこそ、地道な改善が欠かせないのだ。

　理想と現実のギャップが改善すべき課題である。現実をしっかり
見てその課題を明確にし、改善策を講じていくことになる。土に水
が染み込むように少しずつ理想に近づいていくことが重要であり、
急激な変化は危険である。

〈夢の共有〉

　管理職も含め教職員が皆で理想の学校像を語りあいたい。組織の
メンバーがその夢を共有すると、自然にその実現に向けて行動する
ようになる。組織力を高めるとは、組織のメンバーの一人ひとりが
共有する目標に向かって邁進することである。学校の理想とする姿
は、学校の教育目標であり、校長の学校経営計画である。しかし、
文字面だけではイメージがわきにくい。そこで、組織内の対話が重
要になってくる。対話によってイメージが共有されるだけでなく、
メンバー相互の理解も進む。学校は現実的な対応に追われるが、だ
からこそ、教務主任を中心に夢や理想を語る場をつくりたい。そん
な場からさまざまなアイディアが生まれることもあり、教務主任の
思考を広げるチャンスにもなる。

〈教務主任に求められるもの〉

　実務能力や指導力は教務主任に必要な力量である。さらに、夢を
もち、主体的に学校をよりよくしていきたいというマインドが求め
られる。学校運営を担う教務主任のこのようなマインドは必ず教職
員に広がっていく。その学校の雰囲気が、よりよい学校に変えてい
くというエネルギーに変換されていく。

　学校を変える前提として、教職員の改善意欲を醸成していくこと
が必要である。教務主任にはそんな配慮も求められる。

1章

どう対応する？
最新教育課題の
実務徹底解説

東京都中野区立緑野小学校長　太巻 美青

中教審答申とは?

はかどるポイント

①教育課程の根拠となる中教審答申を理解することで、今学校に求められることを具現化する。

②最新情報が目に入ってくる仕組みをつくる。

③今とくに大切な中教審答申のポイントを押さえる。

　教務主任にとって、教育課程編成と進行管理は最も大きな職務の一つである。この教育課程を作成するに当たり、所属の区市町村教育委員会から作成の指針が出されるが、その根拠の一つが中央教育審議会答申、いわゆる中教審答申である。中教審答申を理解することが、今学校に求められる教育課程の具現化につながる。

〈根拠を理解する〉

　では、中教審答申とは何なのか?主な所管事業は、「文部科学大臣の諮問に応じて教育の振興及び生涯学習の推進を中核とした豊かな人間性を備えた創造的な人材の育成に関する重要事項を調査審議し、文部科学大臣に意見を述べること」等である。つまり、今学校が直面している教育課題について、文部科学大臣から調査の依頼を受けた中央教育審議会が、調査審議しまとめたものが中教審答申である。たとえば学習指導要領も中教審答申を受けて作成されているが、中教審答申からは学習指導要領に示された内容の詳細やプロセスが把握できる。教育課題について深く理解することができるのが中教審答申であり、教育施策の根拠である。

〈最新情報が目に入ってくる仕組みをつくる〉

　多忙な教務主任にとって、最新情報の収集はなかなかむずかしい。

そこで、最新情報が目に入ってくる仕組みをつくる。たとえば、毎日検索するパソコンやスマホのブラウザに、「文部科学省」「所属の都道府県教育委員会」「所属の区市町村教育委員会」のホームページをお気に入り登録しておく。これを時折開き、最新情報の項目を見るだけでも今何が話題になっているのか掴むことができる。教育関係の新聞を定期購読している学校も多いと思われるが、これを広げ、キーワードを斜め読みするだけでも最新情報へのアンテナは高くなる。いずれも重要と思われる項目はじっくり目を通したい。

〈中教審のポイントを押さえる〉

今、確実に押さえておきたい中教審答申は次の二つである。

① 「『令和の日本型学校教育』の構築を目指して～全ての子供たちの可能性を引き出す、個別最適な学びと、協働的な学びの実現～」

「個別最適な学び」「協働的な学び」を一体的に充実させること等は、この中教審答申で示された重点である。

② 「『令和の日本型学校教育』を担う教師の養成・採用・研修等の在り方について～『新たな教師の学びの姿』の実現と、多様な専門性を有する質の高い教職員集団の形成～」

ここでは、教師に共通的に求められる資質・能力の柱が、①教職に必要な素養、②学習指導、③生徒指導、④特別な配慮や支援を必要とする子どもへの対応、⑤ICTや情報・教育データの利活用の5項目に再整理された。優れた人材確保のため、教員採用試験のスケジュールの早期化・複線化の検討等も提言されている。

〈教務主任に求められるもの〉

教育課程について、まずは教職員に十分理解をさせなければならない。そのときに、教務主任が根拠をもって分かりやすく伝えることができれば、学校共通の目標と計画として、教育課程が生きたものになる。同時に教育課程は、「社会に開かれた教育課程」でなければならない。中教審答申という国の動向を踏まえたい。

令和答申「個別最適な学び」とは?

はかどるポイント

①令和答申の背景を押さえることで、その必要感が理解できる。

②「個別最適な学び」は同調圧力からの脱却をめざす。

③「個別最適な学び」は1人1台端末の活用とセットで考える。

「令和の日本型学校教育」「個別最適な学び」「協働的な学び」というキーワードを教員が正しく理解しているかというと、非常に曖昧ではないだろうか。ここで期待されるのが教務主任の役割である。教務主任は教育課程編成について、学校のなかで一番のプロである。教育課程の根拠となる答申のキーワードについて適切に理解し、教育課程に具現化するだけでなく、教員へ指導・助言できることが求められる。同時に、これらのキーワードを正しく理解することで、教育課程について理解の広がりと深まりを感じることができる。

〈令和答申の背景を押さえる〉

「『令和の日本型学校教育』の構築を目指して～全ての子供たちの可能性を引き出す、個別最適な学びと、協働的な学びの実現～」(令和3年1月26日)は、今学校がめざすべき姿の指針である。令和元年度末に新型コロナウイルス感染症による学校閉鎖が行われ、感染症対策の最中である令和2年度に小学校学習指導要領が、令和3年度に中学校学習指導要領が全面実施された。変化が激しく先行き不透明ななか、学校も大きな変化が求められた。一方で、学習指導要領の理念を実現させることは普遍のものである。学校が変化すべきことと変わらずめざすべきことが、この答申に示されている。

〈「同調圧力」からの脱却をめざす〉

「個別最適な学び」は、「個に応じた指導」を学習者の視点から整理した概念である。子どもがICTも活用しながら自ら学習を調整し学んでいけるようにすることが求められる。具体的には、子ども一人ひとりの特性や学習進度、学習到達度等に応じ、指導方法・教材や学習時間等の柔軟な提供・設定を行うなどの「指導の個別化」、教師が子ども一人ひとりに応じた学習活動や学習課題に取り組む機会を提供することで子ども自身が学習が最適となるよう調整する「学習の個性化」が必要だとされている。つまり学校は、「みんなで同じことを、同じように」を過度に要求してきた「同調圧力」への偏りから脱却しなければならない。これは教師にとって大きな意識改善となるが、まさに教務主任から発信されたい学校改革である。

〈1人1台端末活用とセットで考える〉

当初のGIGAスクール構想が新型コロナウイルス感染症拡大により前倒しされ、主に令和2年度に1人1台端末が配備された。初めは文房具の一つとして積極的に使ってみること、次いでルールのなかで適切に使うことが目標となった。今はこれを適正に活用することが求められる。上述の「個別最適な学び」の趣旨を実現するには、このICT活用は必要不可欠である。各自治体または各校でAIドリルを導入しているところが多いが、各担任任せになると活用頻度がまちまちになりがちである。学校全体で学習カルテ等で進度を管理したり、朝学習や家庭学習で全校一斉に活用したりして、子ども一人ひとりの確実な学力向上につなげたい。不登校等により登校できない子どもにとっては、ICT活用は学校や学びとつながるツールとなり得る。誰一人取り残さない学びの保障となる。

〈教務主任に求められるもの〉

令和答申のなかで趣旨が正しく理解されにくいのが、この「個別最適な学び」である。「孤立した学び」になってはいけないし、次項の「協働的な学び」と一体のものとして捉えられないとならない。教務主任には正しい解釈を発信してほしい。

令和答申「協働的な学び」とは?

はかどるポイント

① 「協働的な学び」は「個別最適な学び」が前提となることを理解する。

② 「協働的な学び」は発表会ではない。

③ 1人1台端末の活用が「協働的な学び」の充実につながる。

　前項の「個別最適な学び」と一体的に捉えなければならないのが、「協働的な学び」である。令和答申のなかでは「集団の中で個が埋没してしまうことがないよう、『主体的・対話的で深い学び』の実現に向けた授業改善につなげ、子供一人一人のよい点や可能性を生かすことで、異なる考え方が組み合わさり、よりよい学びを生み出していくようにすることが大切」と示されている。

　教務主任には、教育課程作成においても授業改善推進プラン作成においても、「個別最適な学び」と「協働的な学び」を一体的に充実させ、「主体的・対話的で深い学び」の実現をめざすことが求められる。

〈「協働的な学び」は「個別最適な学び」が前提になる〉

　「個別最適な学び」が「孤立した学び」に陥らないように留意しなければならない。そのために、これまでも「日本型学校教育」において重視されてきた、探究的な学習や体験活動などを通し、子ども同士で、あるいは地域の方々をはじめ多様な他者と協働しながら、あらゆる他者を価値のある存在として尊重し、さまざまな社会的な変化を乗り越え、持続可能な社会のつくり手となることができるよう、必要な資質・能力を育成する「協働的な学び」を充実すること

が重要である。つまり、個があって初めて協働が可能になる。まずは子ども一人ひとりが自分の考えをもち、それが尊重されることが「協働的な学び」の前提となる。

〈「協働的な学び」は発表会ではない〉

　かつて「言語活動の充実」が、ややもすると単なる発表に終始してしまうことがあったように、「協働的な学び」もまた、子どもたちが考えを伝えたり、グループで活動したりしていればよいのではない。

　前述のとおり、まずは他者と共有するために子ども一人ひとりに考えをもたせる必要があるし、何のために話し合ったり皆で活動したりするのか活動の意図を明確にしたい。活動のなかでは、よりよい考えが生み出されたり、考えが広げ深められたりするような教師の支援が求められる。「協働的な学び」は教師の授業改革である。教務主任としては、授業改善プランの作成等の際に、「協働的な学び」が一つの改善の視点となる。

〈1人1台端末の活用が「協働的な学び」の充実につながる〉

　各自治体が学校に配置している端末には、さまざまな協働学習支援ツールが導入されていることと思われる。ICTによる協働学習支援ツールは、アナログではできなかった活動を多様に広げてくれる。即時、他者の考えに目を通すことも可能だし、これらを分類・整理することもできる。記録として残しておき、次時の学習に生かすこともできる。ICT機器の利点を十分に活用し、「協働的な学び」の充実を図りたい。

〈教務主任に求められるもの〉

　問題解決学習等、授業の流れは一定の形式を踏まえた授業が多く、そこで話しあいや学びあいが取り入れられている。まずは授業で踏まえたい流れは大切だが、ややもすると形式が形骸化してしまうことがある。教務主任が中心となってつくっていく教育課程や授業改善プラン等は、学校全体の授業改善につながるものであってほしい。

緊急提言「標準時数と教育課程」

はかどるポイント

①授業時間数の考え方の変化を捉える。
②教育活動の本来の意義を考える。
③授業時数管理は毎月こまめに確認する。

中央教育審議会から「教師を取り巻く環境整備について緊急的に取り組むべき施策（提言）」（令和5年8月28日中央教育審議会初等中等教育分科会質の高い教師の確保特別部会）が提言された。ここでは、より持続可能な学校の指導・運営体制を構築していくために、①学校・教師が担う業務の適正化の一層の推進、②学校における働き方改革の実効性の向上等、③持続可能な勤務環境整備等の支援の充実、について示されている。そのなかで、これまでの学校の考え方が大きく変わるのが、「各学校における授業時数や学校行事の在り方の見直し」についてである。

〈授業時間数の考え方の変化を捉える〉

上記の提言では、授業時数について次のように示されている。「令和5年度当初において標準授業時数を大幅に上回って（年間1,086単位時間以上）いる教育課程を編成していた学校は、令和6年度以降の教育課程編成において、見直すことを前提に点検を行い、指導体制や教育課程の編成の工夫・改善等により、指導体制に見合った計画とする必要がある」。

これまで授業時数については、標準授業時数を上回ることはもちろん、臨時休校等の不測の事態に備えて余剰時数を設けてきた。しかし、これが過剰になりすぎていることが指摘されているのである。

さらには、令和 6 年度を待つことなく令和 5 年度途中からであっても改善を進めるべきと示されており、喫緊の課題となっている。

〈教育活動の本来の意義を考える〉

授業時数を見直す際に念頭に置きたいのが、教育活動の本来の意義を考えることである。まずは、どの教科・領域等も学習指導要領のねらいを踏まえることが第一である。それと併せて、「この学習活動は本当に必要なのか？」と、活動の本来の意義を問い直したい。

参考にしたいのは、新型コロナウイルス感染症により学校が臨時休業になった際の対応である。ここでは指導の趣旨を損なわないようにしながらも、教育課程を再編成したりオンライン指導を併用したりして、柔軟な対応で子どもに学習を保障してきた。学校の教育活動の意義を見直させられる出来事だった。

〈授業時数管理は毎月こまめに確認する〉

授業時数の適正な管理のために重要なのは、早期発見・早期対応である。つまり、特定の教科・領域等で授業時数が不足していたり、学年間で授業時数にばらつきがあったりした際に、その発見が遅くなるほど、修正はむずかしくなってくるのである。そのためには、授業時数管理は毎月こまめに確認したい。各自治体の所管の教育委員会より、授業時数調査が入ると思われるが、学期末の確認というところが多いのではないだろうか。それに甘んじることなく、月ごとに確認したい。そのために、教員には標準授業時数を授業実施月数で割り、各月に実施すべき授業時数目安を示しておくとよい。若手教員への OJT も兼ねて、年度初めに授業時数の捉え方と管理の仕方について、指導しておくことも、混乱のない授業時数管理につながる。

〈教務主任に求められるもの〉

授業時数の管理は教務主任にとって重要な役割である。過剰な余剰時数を解消すると同時に、より適正に教育課程に基づいて教育活動が展開されていくことが求められる。

緊急提言「学校行事の見直し」

はかどるポイント

①学校行事の意義を問い直す。
② 「子どもたちにとって」という判断基準で学校行事を見直す。
③保護者・地域の理解を得る。

　前項の「標準時数と教育課程」の見直しと同時に考えなければならないのが、学校行事の見直しである。新型コロナウイルス感染症対応のなかで、学校行事は大きく変化した。感染症対応を、学校を変えるチャンスと捉え、これまで変えられなかった学校行事の改革に取り組んだ学校は多かった。やってみれば、これまで不可能と思われていたようなやり方も可能であることが実証された。一方で、感染症が落ち着き始め、感染症の前の取り組みに戻ったという学校もある。学校にとって今、何が必要で何が必要でないのかを考え、学校行事を発展的に見直したい。

〈学校行事の意義を問い直す〉

　校内の学校評価で教員のさまざまな意見を吸い上げながら、校長の学校経営方針に基づき次年度の教育課程を作成していくのが教務主任の役割だが、その際に学校行事の意義を問い直して考える教務主任でありたい。「これまでやっていたから」「コロナ禍前はこうだったから」と、ややもすると前例踏襲してしまう風潮が学校にはある。しかしその学校行事は、今目の前の子どもたちにとって本当に必要なのだろうか。本当に教育効果があるのだろうか。本当に変えることはできないのだろうか。教務主任には前年度踏襲に陥らず、教育上真に必要とされるものに精選する、より充実した学校行事に

するための行事間の関連や統合を図る等、改革を進めてほしい。

〈「子どもたちにとって」という判断基準で学校行事を見直す〉

　学校行事を見直す判断基準となるのが「子どもたちにとって」である。運動会を例にすると、ここにはたくさんの保護者・地域の期待感がある。「騎馬戦をやってほしい」「昼食は子どもと一緒に食べたい」等々さまざまある。しかし、現在の教育課題を踏まえ、短縮したり体育の学習発表会という位置づけを明確にしたりと、変化させてきた学校が多いと思われる。ここで先の「子どもたちにとって」という判断基準が重要になる。その学校行事は本当に子どもたちに必要な資質・能力を高めるものになっているのか。学校行事は教育課程内に位置付けることがむずかしいものも多いが、授業時数の適正な確保は子どもたちの学びを保障することである。子どもたちにとって本当に意義のある学校行事にしていきたい。

〈保護者・地域の理解を得る〉

　保護者・地域の期待を思えば、学校としての体裁を保つことに意識が向き、学校行事を見直すことがむずかしくなりがちである。しかしここで、積極的に保護者・地域の理解を得ていきたい。そのためには学校の思いを発信することが大切である。学校行事の見直しは「子どもたちにとって」必要な改革である。その趣旨や活動の様子をていねいに保護者・地域に伝えていきたい。学校だよりや保護者会、保護者・地域の代表からなる学校評議員会等でていねいに説明していくことで、理解者を増やしていく。学習指導要領の趣旨の一つである「社会に開かれた教育課程」の実現にもつながる。

〈教務主任に求められるもの〉

　学校行事の改革において、教員が「たいへんだから」という視点に立たないよう、また保護者・地域に「学校が楽をするためではないか」と受け止められないようにしたい。そのために上記の点は学校内外で共通理解を図りたい。教務主任は「その学校行事は真に必要か」「子どものためになっているのか」広い視野から改革に臨みたい。

学校における働き方改革とは

はかどるポイント

①学校における働き方改革の趣旨を理解する。
②校務の改革と教員の意識改革の両面からアプローチする。
③「チーム学校」で働き方改革を推進する。

　学校における働き方改革について、「新しい時代の教育に向けた持続可能な学校指導・運営体制の構築のための学校における働き方改革に関する総合的な方策について」（平成31年1月25日、中央教育審議会答申）が提示された。ここでは学校が担うべき業務を、①学習指導要領等を基準として編成された教育課程に基づく学習指導、②児童生徒の人格の形成を助けるために必要不可欠な生徒指導・進路指導、③保護者・地域等と連携を進めながら、これら教育課程の実施や生徒指導の実施に必要な学級経営や学校運営業務、の三つに分類している。さらに、これまで学校・教師が担ってきた業務のうち、役割分担等についてとくに議論すべき代表的な業務についても整理されている。具現化には課題があるが、教務主任を中心に一つずつ進めていきたい。

〈学校における働き方改革の趣旨を理解する〉

　学校における働き方改革の趣旨は、教員が子どもたちと向き合う時間や授業準備の時間を確保することである。働き方改革にかかわる取り組みの際、教員がその趣旨を適正に踏まえることができるよう、啓発していきたい。たとえば、学校に留守番電話を設置するようになった自治体が増えてきている。これは「保護者からのクレームが多いから」ではない。「教員が電話対応等、正規の勤務時間内

で対外的な対応ができるようにすることにより、明日の授業準備や気になる子どもの話を聞くこと等に要する時間を確保するため」である。同時に、保護者・地域にも保護者会、学校だより等でていねいに趣旨を説明し、理解を得る努力をする必要がある。

〈校務の改革と教員の意識改革の両面からアプローチする〉

　学校の働き方改革には、校務改善が欠かせない。同時に、教員の意識改革が必要である。教員の仕事は職人技のような面がある。教材研究等は奥深く終わりがない。それが教員の仕事のやりがいでもある。しかし、ここでは教員の時間へのコスト意識は低い。一方、教員採用試験の倍率低下の背景には、若者の意識の変化がある。ワーク・ライフ・バランスを重視し、それが担保される仕事を選ぶ傾向がある。時間をかけた分、子どもにとって効果的な学習活動になるというものではないし、その価値観を他者にも求めるべきではない。多くの時間をかけてよりよいものにするという考え方から、時間内で最善のものにするという考え方への転換が求められる。

〈「チーム学校」で働き方改革を推進する〉

　各自治体により教員業務支援員等が配置されているところが多い。また、子どもの対応が多様化するなか、スクール・カウンセラー等の専門家が配置されたり、スクール・ソーシャル・ワーカー、スクール・ローヤー、児童相談所等連携すべき関係機関も増えている。このような教員以外のスタッフもまた、子どもを支える大切な人材である。多様な人材が協力し、「チーム学校」が機能することは、教員が担うべき業務に専念することにもつながる。教育活動の計画の際に、こうした人材も視野に入れたい。また、「チーム学校」で円滑に校務が進むよう、コミュニケーションを密に図っていきたい。

〈教務主任に求められるもの〉

　働き方改革には、意識改革とコミュニケーション力が欠かせない。教務主任は、働き方改革の趣旨を発信したり、多様な人材とのコミュニケーションを図りながら、必要な支援を得るモデルを示してほしい。まずは多忙な教務主任の働き方改革につながることを願う。

学校における働き方改革と校務改善

はかどるポイント

① ICT を活用する。
② 無駄や無理をなくす。
③ 一人で抱え込まない仕組みをつくる。

　学校における働き方改革の推進は、校務改善とセットである。仕組みが変わらなければ働き方改革も進まない。校長の経営方針の意向を踏まえながら、校務改善を進めてほしい。まずは多忙な「教務主任自身のため」に、よりよい働き方のための校務改善になってほしいと願う。それがあって「教員みんなのため」の改善を進めていける。そして見失ってはいけないのは、最終的にめざす真の目的は「子どもたちのため」の改善だということである。

〈ICT を活用する〉

　どの自治体でも、校務支援システムが導入され数年経過していることと思う。しかしこの活用については、各校で差があるのではないだろうか。職員会議や朝会・夕会で取り上げる議題は、本当に会議の議題にしなければいけないものだろうか。校務支援システムの掲示板機能で周知すれば済むものであればそれで済ませ、会議では意見交換が必要な議題に絞りたい。配布資料も、共有フォルダ内に保管しておけば、配布の手間が軽減され、ペーパーレス化も進む。年度末に印刷・製本している教育計画も、電子化し必要な場合に個々に印刷することで事足りるのではないだろうか。ICT 活用を推進するために、まずは教職員が校務支援システム等を「見る」習慣を付けることがスタートになる。

〈無駄や無理をなくす〉

　教育活動の計画に無駄はないだろうか。たとえば、年に１〜２回、学校評価の時期に教員のアンケートを取り、教育活動を振り返っていることと思う。しかし、各行事終了時にも反省のアンケートを取っている。これでは取り組みが重複するうえ、対応が遅れる。各行事はそれぞれのアンケートで振り返り、すぐに次年度計画の素案まで作成してしまえば、確実に改善につながるし無駄がない。年度末は柱となる教育活動の振り返りをすればよい。また、教育活動の計画に無理はないだろうか。教員は既存のものを活用するのが苦手な面がある。よりよい教育活動のためには必ずしも新たな計画を立てなければいけないのではなく、他校の計画等を参考に自校に合わせてアレンジしてもよい。また、無理な計画を立てると、子どもをその流れに乗せるため無理をさせることもある。無理のない計画のなかでしっかりと活動させ、達成感を味わわせることも大切である。

〈一人で抱え込まない仕組みをつくる〉

　教務主任も同様だが、校務のなかで「〇〇主任」を担うことは、一人で抱え込むことではない。人を動かすこと、また人に人を動かさせることが役目となる。主任は担った校務全体を統括し、進行管理する。そのためには、各校務において役割分担を明確にすること、必要な会議の場は年間の計画のなかで設定しておくことが必要である。留意したいのは、完全分業制にしないことである。分業してしまえば結局一人で抱え込むこととなり、ミスに気付きにくくなったり遅れにつながったりする。主任はその進捗に目配りし声をかけ、各担当は主任に適宜報告・連絡・相談をしたい。

〈教務主任に求められるもの〉

　働き方改革をめざす校務改善は大きな職務だが、教務主任の手腕が試される仕事であり、よりよい学校をつくるやりがいのあるものである。経営会議等で管理職と密に連携し意向を確認しながら、各教員とコミュニケーションを図り、その声を拾い上げたい。教務主任は管理職と教員の橋渡しであり、円滑な校務の要である。

教務主任の仕事術を確立する

はかどるポイント

①すぐやる・かならずやる・できるまでやる。
② ICT を使いこなす。
③仲間と助け合う。

　教員のなかで最も多忙なのが教務主任である。授業や担任と両立しながら教務の業務をこなすのは、至難の業である。しかし、学校全体を動かす仕事は、それだけ学校を改善しているという手ごたえや達成感を味わうことができるものであり、教職員や子どもたちの生き生きとした笑顔を見ることが喜びになる。たいへんだからこそ、教務主任ならではの醍醐味がある。その醍醐味を味わうために、教務主任ならではの仕事術を身に付けていきたい。

〈すぐやる・かならずやる・できるまでやる〉

　立ち止まっている暇はない。「すぐやる」は鉄則である。ていねいに対応しようと後回しにすると、手帳の ToDo や付箋のメモがいっぱいになり、結果悪循環である。問われたら即答えたり修正したりできるよう、教務必携の年間行事予定、教育課程、職員会議予定等のデータはすぐ見られるようにしておく。また、教員から何かと相談されることが多いが、そのときやっている仕事を中断しても、相談に対応したほうがよい。他の教員の仕事が止まると、結局教務主任を含め全体の仕事が止まる。この「すぐやる」スピード感と併せて求められるのは「かならずやる」「できるまでやる」という正確さや誠実さである。たくさんの仕事を「かならずやる」「できるまでやる」ポイントは、複数の仕事を同時並行でやることである。

たとえば、まずは実施案の枠だけでもつくり現在対応中のフォルダに入れておく、完全な計画でなくてもおおよその日程を教員に周知しておく等である。各仕事のエンジンをスタートさせておくと、作業の見通しが立つ。また、自身のアンテナが高くなり、日常業務のなかで必要な情報に気付いたりアイディアが浮かんだりする。

〈ICTを使いこなす〉

　教務主任の仕事とICTの活用は切り離せない。十二分に活用されたい。各自治体で校務支援システムを導入していると思われるが、軽微な連絡事項であればシステムを活用し、会議のスリム化を図ったり、教務からの連絡事項を適宜発信したりしたい。ポイントになるのは、「早めに周知すること」「期限を明確に示すこと」である。早めの周知は、教員が見通しをもって業務を進めることにつながる。また、多忙ななか期限が不明瞭だと教員は後回しにしてしまいがちになる。必要な情報をすぐに取り出せるようにしておくことも、業務を円滑に進めるためのコツである。情報はデータベースのものと紙ベースのものとがあるが、これらを分類整理するカテゴリーは、データも紙も同じにしておくとよい。すぐに検索することができる。

〈仲間と助け合う〉

　分からないことを一人で考え続けていても物事は進まない。教務主任は一人職である。困ったことは仲間に聞いてしまうほうが解決が早い。そこで、教務主任の研修会等で他校の教務主任とのネットワークづくりをしておくとよい。交流することで気付かなかったようなアイディアを得たり、よりよい仕事術を学んだりすることができる。何より、支えあえる仲間がいるというのは心強いものである。

〈教務主任に求められるもの〉

　教務主任の仕事術は、上記以外にもさまざまあろうかと思うが、参考にしながら自分なりの仕事術を模索していくしかない。やりやすい方法や分かりやすい情報整理の方法は、人それぞれ違うところがあるからである。効率的な仕事術を少しずつ見出していくことも、教務主任の面白味である。

職場の心理的安全性の確立

はかどるポイント

①管理職ではないからこそ話しやすい教務主任。

②縦のつながりと横のつながりをつくる。

③「チーム〇〇学校」で対応する。

ウェルビーイングとは、「次期教育振興基本計画について」（令和5年3月8日、中央教育審議会答申）によれば、「身体的・精神的・社会的に良い状態にあることをいい、短期的な幸福のみならず、生きがいや人生の意義など将来にわたる持続的な幸福を含むもの」である。また、「個人のみならず、個人を取り巻く場や地域、社会が持続的に良い状態であることを含む包括的な概念」である。さらに、「子供たちのウェルビーイングを高めるためには、教師のウェルビーイングを確保することが必要であり、学校が教師のウェルビーイングを高める場となることが重要である」とされている。心理的安全性は、仕事効率と資質・能力を高めるものである。教務主任の立場から、教員のウェルビーイングを高めるにはどうしたらよいか、考えてみたい。

〈管理職ではないからこそ話しやすい教務主任〉

教員が学級経営や職務の進行等で悩むことは多々ある。しかし、すぐに教頭・副校長に相談するかというと、「このような些細なことで、管理職にまで相談するのは…」と、ためらわれることが多いのではないか。そのようなとき、教員にとって教務主任はたいへん頼もしい相談相手である。教務主任に対しては、「学校全体の動きを俯瞰した示唆をもらえる」「必要に応じて管理職につないでもら

える」という信頼感が教員のなかにある。教員からの些細に見える相談が、実は学校全体の課題につながっていたりすることが多い。その結果、課題の未然防止や早期発見・早期対応につながる。

〈縦のつながりと横のつながりをつくる〉

　教務主任がOJT担当となっていたり、OJT担当の助言役となっていることは多いであろう。OJTの取り組みとして、若手教員を集めて困りごとを話し合う、これは若手教員にとってとても心強い場である。先輩から助言を得る縦のつながりと、近い教職経験年数の仲間との横のつながりができるからである。そしてこのようなつながりは、どの職層の教員にとっても必要である。とくにベテラン教員は、自分より若手の教員に助言を求めることにためらいを感じることもあろう。横のつながりのなかで困りごとを話す場は安心感につながる。校内OJT活性化の際に、教員の関係のなかに縦のつながりと横のつながりができるような仕掛けをつくるとよい。

〈「チーム〇〇学校」で対応する〉

　社会の変化のなかで、学校に求められることは多岐に渡る。また、子どもの実態や保護者・地域の価値観等は多様化している。一方、学級担任制が主である小学校では、担任は学級の課題を一人で抱え込みがちとなる。しかし、担任が一人で全面的に対処することは不可能である。今の学校には、「学校の子どもたちは教職員みんなで育てる」という、「チーム〇〇学校」で課題解決に臨む意識が求められる。それは教員にとって大きな心の支えである。その際に、スクール・カウンセラー、業務支援員等のスタッフもまた、大切なチームの構成員である。児童相談所、教育相談機関、警察等、学校外の関係機関とも連携を深めたい。「学校の子どもたちは教職員みんなで育てよう」というメッセージを教務主任から発信してほしい。

〈教務主任に求められるもの〉

　教員の大黒柱である教務主任が笑顔で対応してくれると、教員は安心するし、その安心感が職員室内に広がっていく。まずは教務主任自身が心身の健康に留意し、自身の心理的安全性を保ってほしい。

教育課程・学習指導要領の確実な実施

はかどるポイント

①教育課程は社会に対する約束事である。

②子どもたちに力は付いているのかという視点をもつ。

③教育課程の作成・実施にすべての教職員が参加する。

　学習指導要領の理念について深く理解するには、その大本となる中央教育審議会答申を踏まえる必要がある。現行学習指導要領の基となっているのが、「幼稚園、小学校、中学校、高等学校及び特別支援学校の学習指導要領等の改善及び必要な方策等について」(平成28年12月21日、中央教育審議会答申)である。現行学習指導要領については、移行期間は平成30年度から、全面実施となったのは小学校が令和2年度、中学校が令和3年度であり、移行から5年が経過している。各校ではこの学習指導要領の理念が形になっているのか、子どもたちにめざす資質・能力が身に付いているのか見直して確実に実施させていきたい。

〈教育課程は社会に対する約束事である〉

　上述の答申では、「社会に開かれた教育課程」の実現が重点として示されている。子どもたちが変化の激しい社会を生きるために必要な資質・能力を身に付けるために、学校が社会とのつながりのなかで学校教育を展開していくことが求められるからである。また、学校は法令上、学校評価の実施と公表等が義務付けられている。つまり教育課程は、地域社会と連携しながら作成するものであり、学校がどのような教育活動を展開しどのような子どもを育てていくか、またその活動の結果はどうだったのかを明示する社会に対する約束

事なのである。

〈子どもたちに力は付いているのかという視点をもつ〉

　教育課程に基づいた教育活動を展開した結果、子どもたちに力は付いているのかどうか、客観的に見取ることを念頭に置く必要がある。学校はややもすると、「子どもたちが生き生きと活動していた」等、情緒的に捉える傾向がある。しかしそれは、主観的な印象であったり、子どもたちに何が身に付いたのか不明瞭だったりする。国や各自治体により、学力および体力調査が実施されていることと思うが、こうした客観的なデータの分析から、子どもたちの実態を把握したい。この分析を基に授業改善プランを作成するが、これらは教育課程を具体的に見直し、授業改善につなげるためのものである。

〈教育課程の作成・実施にすべての教職員が参加する〉

　教育課程の作成・実施は、学校の中核となる大きな職務である。しかしこれは、教務主任一人が担うのではなく、すべての教職員によるものである。上述の答申には、「社会に開かれた教育課程」の理念のもと、子どもたちに新しい時代を切り拓いていくために必要な資質・能力を育むための改善点として、「カリキュラム・マネジメント」を示している。子どもたちや地域の様子は、各校それぞれである。学習指導要領を基に、目の前の子どもたちの姿を踏まえながら、学校教育目標の実現に向け、教育課程を編成・実施・評価するためには、すべての教職員がその主体として参加する必要がある。それによって、その学校の特色がつくりあげられるからである。

〈教務主任に求められるもの〉

　教育課程やその根拠である学習指導要領の確実な実施は、学校の責務である。そしてその中核を担うのが教務主任である。教育課程・学習指導要領の確実な実施は教務主任の職責なのだ。学校を動かす大きな職務に身が引き締まる思いがするが、やりがい溢れる職務である。試行錯誤するからこそ、学校や子どもたちが一つずつ変わっていくことに感じられる大きな喜びは、何物にも代えがたい。

2章

押さえておこう
教務主任の役割・心構え

東京都江東区立数矢小学校長　飯川 浩二

教務主任の役割、教務主任の立場

はかどるポイント

①教務主任の主な役割を知る。
②教務主任の仕事の範囲を、少し広めに捉えておく。
③仕事をコントロールする。

　学校教育法施行規則には「教務主任は、校長の監督を受け、教育計画の立案その他の教務に関する事項について連絡調整及び指導、助言に当たる」とある。つまり、だれもが教務主任になれるわけではない。校長の命を受け、それまでの教員経験をフル活用して校務分掌を統括し、学校を動かす力のある人が任じられる。また、常にアンテナを伸ばし、職員室内外の情報を収集し、必要に応じて管理職に報連相して判断を仰ぎ、時に自身で判断する力も必要である。ある意味バランス感覚も必要な立場である。

〈教務主任の主な役割〉

　校務分掌に位置づけられた、いわゆる教務部の仕事は、「教育計画の立案・実施」「学校配布文書の作成と印刷、配布」「固定時間割作成、授業時数の管理」「学校行事の計画・運営」「企画会議や職員会議など諸会議などの日程調整」「転入・転出処理」「出席簿、通知表、指導要録の管理」などがあげられる。とはいえ、教務主任は教務部を統括するだけではなく、ほぼすべての校務分掌を把握し、進捗状況を管理することが求められる。管理職の補佐的な役割もあり、そのため学級担任をもたなかったり、さらに授業時数が軽減されていたり、全く授業をもたなかったりする場合が多い。

〈教務主任の仕事の範囲を広めに捉える〉

　各学校には「教育計画」がつくられ、それに基づいて運営されている。とはいえ、学校によりローカルルールのような「計画」も多い。とくに教務主任の仕事は、教育計画に書かれている仕事はほんの一部で、明文化されていない仕事が多い。学校を異動してすぐ教務主任の立場を与えられた場合は、いかに早くそれを飲み込めるかがカギとなる。さらに管理職により異なる場合もあり、管理職の異動により、教務主任の仕事の範囲が大きく変更される（おおむね増える）こともある。まずは、自校の教務主任の仕事の範囲を把握することと、その範囲を多少広めに捉えておくことがポイントである。

〈仕事をコントロールする〉

　職員室の先生方にとっては、教務主任は何でも知っている「頼れる存在」である。また校長や教頭・副校長にとっても同様である。しかし常に多忙を極めるため、つい「忙しいオーラ」を発してしまうと、職員室も管理職も敏感にそれを察知してしまい、必要な情報が自分を通り過ぎ、結果的に自分の仕事を窮屈にすることがある。

　そんな教務主任ではあるが、一方で多くの裁量が自分に与えられていることで、仕事のコントロールがしやすい面もある。職員室が自分を中心にうまくまわれば、また職員室と管理職の間に自分が常に入っていれば、多くの情報が一元化され、自分の仕事を楽にすることにつながる。

〈教務主任に求められるもの〉

　教務主任の役割は多岐にわたるため、激務となりがちである。しかし、学校になくてはならない立場でもある。そんな教務主任に必要な能力の一つとして「バランス感覚」があげられる。自分でないと進められない仕事も多い一方で、自分で優先順位つけることができる仕事も多い。また的確に仕事を振り、自らは進行管理をすることで、より学校がうまく動くことも多い。やるべきことは多いが、すべてを自分で、と思いすぎないことも必要である。また、いち早く不要と思われる仕事に気付ける立場も教務主任である。

教務主任は学校を動かす

はかどるポイント

①自分なりの「学校の動かし方」で。
②地味なことも多いが、新しい「やりがい」をもって。
③「働き方改革」も視野に入れて。

　学校では、学校をよりよく運営することを「学校を動かす」と言う。学級担任が児童・生徒に指示をしたから、伝えたからといって、スムーズに学級が動くわけではないのと同様に、教務主任もそう簡単にはスムーズに学校を動かすことはできない。それまでの学年主任や体育主任などの経験をフル活用して、また、これまで出会った教務主任を手本として、さらには近隣の学校の教務主任と連携するなどして、自分なりの「学校の動かし方」を模索する必要がある。

〈自分なりの「学校の動かし方」で〉

　きめ細やかで計画的な人、ICT機器に堪能な人、コミュニケーション能力に長けた人、失敗も笑い飛ばせる明るい人柄、武士のように黙々と仕事をする人、などなど一人として同じ教員はいないのと同様、同じ教務主任はいない。前任者と比較されることもあるだろうが、まずは自分の長所を活かした「学校の動かし方」を考えたい。また、ICTの活用が苦手な場合、校内の主任教諭や思い切って若手教員に相談したり、近隣校の教務主任と連携したりして解決することも、学校運営上、よりよい効果が生まれることもある。週予定表を数日前倒して配布するなど前任者のやり方をマイナーチェンジすることで、教員の働き方改革を進められるケースもある。

〈新しいやりがいをもって〉

　教務主任になる前に、「運動会委員長」「研究主任」などを経験し、すでに学校を動かした成功体験をもっている場合も多い。しかし、教務主任の「学校を動かす」は、できていて当たり前のこと、また裏方の場合や地味なことも多い。さらに授業が軽減されたり、全く授業をもたなかったりする場合は、子どもから離れた立場となり、自分にとっての「やりがい」も湧きにくい。

　しかし、教務主任はこれまでと同じような「自分が」ではなく、若手教員が、組織が、学校全体がうまくいくことに楽しみとやりがいがもてる仕事である。これまでよりも一段高い視野から学校を俯瞰し、教員の成長や組織の成功に感謝の気持ちをもって自分のこととして喜べる意識改革が必要である。そこで感じられた喜びは、これまで以上のやりがいとなるはずである。これらのことが、結果として学校を動かす好循環をもたらすことになる。

〈働き方改革も視野に入れて〉

　コロナ禍やGIGAスクール構想などもあり、前例踏襲では対応できず、常に新たな変更が求められ、学校は外側から大きく「動かされている」感がある。しかし、だからこそ教務主任が中心となり、内側から主体的に学校を変革できるチャンスでもある。新しい時代の新しい教育をつくる気概をもつと同時に、スクラップや効率化、カリキュラム・マネジメントを視野に入れて、校務のICT化や、学校行事の精選、内容の見直しなどにより、働き方改革を推進させることが、結果的に学校を動かすさらなる原動力になる。

〈教務主任に求められるもの〉

　学校を動かすためには、教員集団が主体的に「学校を動かしたい」と思えるかどうかである。そのために、教務主任が先頭に立って汗をかき、旗を振ることだけでなく、裏方となって教員集団を支え続けることや、感謝とリスペクトをもち、教員と一緒に校務に取り組むことで、「この教務主任のために働きたい」と思わせること、また、働き方改革をいっそう進めることが教務主任に求められる。

教務主任と管理職

はかどるポイント

①管理職の意を汲むことと、職員室の意も汲む。
②時には一緒に校長室へ。時には管理職の意向を翻訳して。
③管理職は教務主任を管理職への育成と思っている。

　校長が組織的な学校運営を行うには、教頭・副校長はもちろん教務主任と生活指導主任は欠かせない。教務主任と生活指導主任は、学校運営上なくてはならない車の両輪である。そこで多くの学校で「企画会議」の上位に校長、教頭・副校長、教務主任、生活指導主任等で構成される「幹部会」を学校運営の中心に据え、週に複数回実施している。管理職は、幹部会での二人の主任からの報告・連絡・相談を受けるだけでなく、積極的に管理職から相談する学校も多い。

〈管理職の意を汲むことと、職員室の意も汲む〉

　教頭・副校長は、学級担任をしていた経験になぞらえてよく「職員室の担任」と言われる。この言葉を借りると、教務主任は「クラスの頼れる学級委員」となる。管理職からは管理職の意を適切に周知してほしい、また職員室の情報を上げてほしいと願われる。一方、職員からは教頭・副校長は管理的な立場であるため、管理職に対する考え方の違いや、相談、悩みなどは教務主任に相談してくることも多く、それにより板挟みになることもある。教務主任は管理職からの提案を現場に伝える、職員室の要望を管理職に相談するなどのシーンで、自分の本意ではない言動が必要になることもある。どちらの意も汲むコミュニケーション力と調整力が必要な立場である。

〈時には一緒に校長室へ。時には管理職の意向を翻訳して〉

　職員にとって管理職への相談はハードルが高いことも多い。それより少しハードルの低い教務主任が職員の相談や悩みを受けた際、一人で抱え込ませずその職員と一緒に教頭・副校長に相談しにいったり、時には一緒に校長室へ行ったりすることも必要である。

　また、管理職からの自分の本意ではない提案を職員室に伝えることになった場合、どう自分の心の中で折り合いをつけるかは大きな問題である。一方でこのような場合は、管理職も不安に思っていることも多い。朝令暮改の上司でなければ自分自身の考えを管理職に伝えたうえで、学校全体が同じ方向を向けるよう「翻訳」し直して伝える必要がある。実は、管理職よりも教務主任が職員に伝えたほうが納得するという場合も多い。

〈管理職は教務主任を管理職への育成と思っている〉

　教務主任自身の意思は別として、校長は教務主任を管理職候補者と考えている。教務主任は教育課程の編成に大きくかかわっていることにより、教頭・副校長と同様、またはそれ以上に学校経営方針を熟知していると感じている。自校の実態を把握したうえで校長の意を汲んだ企画を立案し、見通しをもって誠実に仕事を進めていく、ということを管理職は教務主任に日常の学校運営で研修させている。これらのことを通して、校長は教務主任をさらに一段高い視座から学校を俯瞰して見られるよう育成しているのである。

〈教務主任に求められるもの〉

　働き方改革の影響で、職員の残業時間削減をすすめたり、年次有休休暇消化の改善に取り組んだり、男性職員の育児休業を推進したりしているなかで、負担のしわ寄せが教務主任に集中してしまう場合も多い。管理職と職員室の板挟みで精神的なストレスを抱え込みやすい立場でもある。このような状況が続くと、モチベーションの低下は避けられない。自分のなかでコントロールしきれない業務量になる前に管理職と相談して授業のもち時間数軽減やスクールサポートスタッフの配置を提案するなどしたい。

教務主任と校務分掌

はかどるポイント

①多くの情報は、各学年以上に各校務分掌から入ってくる。
②各校務分掌の長との連携が教育課程の進行管理につながる。
③全教員に学校経営への参画意識を高める。

　多くの学校では会議の精選のために職員会議を廃止したり、回数を減らしたりして、各校務分掌の長や学年主任が参集する企画会議を中心に効率的に学校運営を進めている。教務主任は教務部を統括するのはもちろん、ほぼすべての校務分掌を統括する仕事も担う。そのため教務主任は企画会議の議題をあらかじめ周知し、各校務分掌から上がってくる議案の稟議を企画会議前にすすめるなど、他の教員よりも数ヵ月先を見て動かなければならない。

〈多くの情報は、各学年以上に各校務分掌から入ってくる〉

　教務主任への報告・連絡・相談は、各学年から以上に校務分掌上からのそれが多い。単に日程の変更調整だけでなく内容や運営方法などについて相談されることもある。さらに組織上は生活指導主任と両輪であるとしても、生活指導にかかわることまでも教務主任へ相談が舞い込むこともあり、まさに学校の中心である。

　教育課程、教育計画を円滑に進めるためには、組織のなかでの情報の一元化が必要で、それを担うのが教務主任である。そして集まってくる情報に不測の事態があろうとも、管理職を含め、関係各所とスムーズにコミュニケーションを図りながら計画を修正し実行する力が求められる。膨大な情報が集まるが故に、個の力も求められる。

〈各校務分掌の長との連携が教育課程の進行管理につながる〉

　相談したい、と思ったときがベストなタイミングなはずである。しかし、激務を極めるがゆえに「忙しいオーラ」を発してしまうこともあり、教務主任には相談しづらい、という状況も生まれかねない。各校務分掌の長からの情報は、実は結果的に教育課程の進行管理にもつながっている、という意識をもちたい。情報が上がってこない状況は、そのときは楽ではあるが結果的にその場しのぎの対応や後手後手の対応に陥り、教務主任自身の仕事を増やすだけになる。ICTを活用して各校務分掌の進行管理表などを独自で作成して、先回りして各校務分掌の長にアクションに起こせる、もしくは各校務分掌の長から主体的に情報が上がってくる教務主任が理想である。

〈全教員に学校経営への参画意識を高める〉

　校務分掌とは、学校を運営するために教員一人ひとりが分担して行う仕事である。教務主任は各校務分掌を統括する長とのかかわりにより、全教員へ学校経営への参画意識を高めるのが組織的な機能としては重要ではある。しかし、時には上からのリーダーシップだけではなく、長以外の教員とのコミュニケーションも積極的に図るなど、サーバント・リーダーシップ的な行動も必要である。誰が何の学校行事の運営や外部団体との調整にあたっているかなど、多種多様な業務をすべて把握するのは至難の業ではあるが、校務分掌表や稟議文書の名前を確認して、学校運営に参画してくれている感謝と尊敬の声掛けをしていきたい。

〈教務主任に求められるもの〉

　教務主任は、忙しさではナンバーワンである。校務分掌の進行管理をするにあたり、つい「自分で考えて」「まだできていないの」などと思ってしまいがちである。しかし、学校運営は校務分掌が円滑に機能するかが肝である。つまり教員一人ひとりの力の結束力が、実はそのまま学校運営力なのである。全員が気持ちよく働ける心理的安全性を教務主任自らが職員室でつくり出し、率先垂範を意識し、ときには失敗しても大丈夫、というおおらかさももっていたい。

教務主任のコミュニケーション

はかどるポイント

①忙しいオーラが出やすい立場。報告・連絡・相談しやすい雰囲気を。
②自ら動いてコミュニケーションを図る。
③管理職へも忘れずに。

　コミュニケーション能力というと、「相手にいかにうまく伝えるか」に意識が行きがちになる。しかし、コミュニケーションを考えるうえで最も大切なことは、「双方向」である。これは、立場が上になればなるほど勘違いしがちになる。相手への伝達だけでなく、「相手からの情報をいかに上手に（正確に）受け取るか」という観点ももって、言葉のキャッチボールを意識したコミュニケーションを図るよう努めたい。

〈報告・連絡・相談しやすい雰囲気を〉

　コミュニケーションは「言語」はもちろん、「非言語」の部分も大きい。メラビアンの法則では、第一印象は話の内容が７％、それ以外すべてが表情をはじめ目の動きや声のトーン、ジェスチャーなど非言語が決め手になる。子どもや保護者を相手にするのと同様に、教務主任にとって「明るい」「あたたかい」雰囲気は必須の資質・能力である。相手の「感情」や言葉の裏に隠された本当の思いなどをくみ取るうえでも非言語コミュニケーションは重要である。

　聴く力の基本は、「相手の伝えたいことを最後までしっかりと聴く」姿勢である。一度手を止めて、相手のほうへ体や視線を向け、うなずいたりあいづちを打ったりして、表情で反応を示したい。

〈自ら動いてコミュニケーションを図る〉

　いつまで待っても報告・連絡・相談がないとイライラしてしまう。座っているだけでは情報が集まってくるわけではないと分かっていても、多忙だったり相手が苦手な同僚だったりすると、それを理由にして受け身な姿勢になってしまうこともある。得意、不得意は誰にでもあるが、教務主任としては、時には自らが動いてコミュニケーションを図ることも大切である。その場合は、感謝や労いの言葉を付け加えたり、観察力を働かせて相手が忙しく時間がないときなどは短時間で要件を伝えたり、付箋で伝えたりするなど相手を慮るよう心掛けたい。なかにはプライドが高く本心を悟られるのを嫌う人もいる。その場合は気づかないふりをするスキルも必要である。

〈管理職へも忘れずに〉

　毎朝、もしくは週に数日、管理職と教務主任らが参集する、いわゆる「幹部職員打ち合わせ会」を行っている学校も多い。その日の行事予定や出張、休暇等の確認事項以外に、各種報告や具申を管理職から求められる場合もある。短時間に設定されている会議も多く、端的に報告できるよう、事前に報告様式にまとめておいたり、校務支援ソフトであらかじめ報告しておいたりして時短に努めたい。また管理職への報告が遅れると、初期対応の遅れから問題が大きくなることも多い。そのような内容の相談は、教務主任だけに話させるのではなく、相談者と一緒に校長室に行くなどして、相談者が何度も話すことなくかつスピーディーに情報伝達ができるよう努めたい。

〈教務主任に求められるもの〉

　むずかしいと思われる日程調整など、困難な相談が来たときこそ、教務主任の腕の見せ所だという態度で受け止めたい。思ったとおりの結果にならなくても、自分のために精一杯調整に動いてくれたという教務主任の姿勢は、必ずその相談者に響き、後のコミュニケーションをさらに円滑にするはずである。またその際、「うまく調整できず、申し訳なかったです」など、教務主任から率先して謝れると、職員室全体の雰囲気を確実によくすることができる。

教務主任の教育課程の進行管理

はかどるポイント

①最も大事なPDCA。
②各学年・教科等が「横糸」とすると、校務分掌は「縦糸」。
③次年度への評価と、改善を。

「社会に開かれた教育課程」を実現し、社会の変化に伴って生じる複雑で困難な問題に主体的・創造的に取り組み解決していく資質・能力を育成するためには、学校の教育活動と経営活動を関連付けながら改善に取り組むカリキュラム・マネジメントを確立することが必要である。学校の中核である教務主任には、教育課程を編成・実施・評価・改善を図る一連のPDCAサイクルを確立した進行管理が求められる。

〈最も大事なPDCA〉

　教務主任にとって、次年度の教育課程の編成は最も大きな業務の一つである。年度末に教育委員会に提出した時点で、本年度も終えていないにもかかわらず、次年度の1年間も終えた気持ちになれる。しかし、それはスタートでしかなく、本来の業務はその教育課程のPDCAサイクルを1年間確実に進行管理することである。さらには、学校の自己評価や学力等に関する諸調査なども活用して、細かく言えば、各担任が作成する「週ごとの指導計画」のPDCAに至るまで教育課程よりも下次元にある各学年、各教科等、各単元などさまざまな次元でPDCAサイクルを通すことによって、教育活動の質の向上を図る中心となることも教務主任には求められている。

〈各学年・教科等が「横糸」とすると、校務分掌は「縦糸」〉

教育課程は、教育目標とそれを達成するための基本方針、特色ある教育活動、各自治体の教育推進プランの推進に向けた重点的な取り組み、各教科や特別支援教育等の指導の重点、学年別授業日数および授業時数の配当表、年間行事予定などからなる。そこに並べられた内容は、各学年・教科等で実施すべき内容と、各校務分掌で実施すべき内容とが複雑に絡み合っている。いわば横糸と縦糸の関係である。さらに教科横断的なカリキュラム・マネジメントも求められている。教務主任は、この横糸と縦糸の関係を意識して、各主任・長を中心に情報を把握し、必要があれば指導・助言を行い、多面的・多角的に教育課程の進行管理をするのがコツである。

〈次年度への評価と、改善を〉

　校長の学校経営計画をもとにした「学校評価」が確立して以来、それまで多くの学校で12月から1月頃に行っていた、いわゆる「年度末評価」「学校運営評価」は行っていない学校が多い。各種行事が終わるごとに、すぐに当該校務分掌で適切に評価・改善し次年度の計画を作成してしまう学校が増えている。「鉄は熱いうちに打て」のとおり、時機を失わず、関係各所から集めた反省をもとに改善計画が立てられるよう、各校務分掌任せにすることなく、教務主任がもつ情報や見識も提供し、積極的に改善作業にかかわれるようにしたい。

〈教務主任に求められるもの〉

　校長の方針から、もしくは会議精選の名のもとに、教育課程の編成を管理職と教務主任だけで進める学校があるとしたら、ぜひ改善を具申することを勧めたい。トップダウンでの改善が必要なものもあるが、各種行事等をはじめ、教育課程の評価・改善は、全教職員で進めることで、一人ひとりが自分事として教育課程に向き合うことができる。このことこそが学校力の向上につながる。ただし、校長の方針から逸れないように調整するのも教務主任の役割である。

　教務主任が全力を注いだ次年度の教育課程が「絵に描いた餅」にならないように気を付けたい。

期限と約束を守る

はかどるポイント

①自ら範を示す。

②半年は先を見て。

③「ごめんなさい」が言える教務主任。

　会議では開始時刻に遅れたり、勤務時間外まで延長したりしても問題意識が低いなど、教員は「時間に対するコスト意識」が低いと言われることが多い。子どもや保護者には提出物の期限を厳守させたい一方、忙しさを理由に自分には甘い教員もいる。約束や期限は守るためにあるものである。一人が守れないことによって全体の迷惑につながる。不要な仕事を増やさないためにも、また職場等の人たちから信頼され協力して仕事を進めていくためにも、期限と約束を守る教員集団をつくりたい。

〈自ら範を示す〉

　時間は自分だけでなく、他者の時間も大切なのはもちろんである。誰もが忙しいなか、最も忙しい立場にいる教務主任こそ「時間はコスト」である意識を行動で示したい。会議の開始時刻を厳守するために教務主任自らが一番に会議室に入る、管理職や同僚に連絡や報告する際には、手短に用件が伝えられるよう資料を準備する、ToDoリストや進行管理表等で適切に業務をすすめるなど、他の教員の模範となる仕事への取り組み方が結果として自分の仕事を楽にする。

　また、期限に間に合いそうもない教員には、必要に応じて教務主任が一緒になってその仕事を解決することも必要である。

〈半年は先を見て〉

　学年主任なども、何ヵ月も先を見て仕事をする必要があるが、教務主任はどの主任よりもさらに先を見て業務を進めなければ、学校がまわらなくなる。その点で言えば、教務主任は少なくとも教育課程の届出を終えた時点で、すでに次年度の１年間の予定が管理職以上に頭に入っている。これは、教務主任がさまざまなリーダーシップを発揮するためにも必要な情報源である。膨大な情報を基に、自分はもちろん同僚の業務も、それぞれ異なる期限から逆算して、優先順位をつけて進行管理をしたい。

　また、時間だけでなく、各学年や校務分掌あるいは関係各所など、横のつながりも広く見る視野が必要である。校内で同時進行しているさまざまな業務と確実に調整していくのも教務主任である。

〈「ごめんなさい」が言える教務主任〉

　教務主任は、何でもできるドラえもんや、スーパーマンでなくては務まらないわけではない。自分の能力以上の指示や同僚からの相談、また期限が守れないと予測される場合は、その場で相手に伝えることも大切である。その仕事を他の人に任すことや、遅らせられる業務は期限を延ばして後回しにし、先に優先すべき仕事に着手するといった進行管理を管理職とも相談して進めたい。常に一人で大量の仕事を被るのではなく、時には管理職や同僚にＳＯＳが出せたり、失敗したら同僚の前で「ごめんなさい」が言えたりできる教務主任でありたい。人は失敗を素直に言える人の話をよく聞いてくれる。いつも助けられている分、必ず助けてくれるに違いない。

〈教務主任に求められるもの〉

　計画的に仕事を進めていても、想定外のことが起こるのが学校である。そのことにより本来間に合うと思って進めていた業務が間に合わなくなることもしばしばである。教務主任の仕事は、多くの同僚の業務に広く影響する。人は情報がないときに不安になる。だからこそ、期限や約束が守れないと分かった時点で、できるだけ早めに管理職や同僚に広く相談し、仕事の再調整を図りたい。

優しさと厳しさ、寛容さと厳格

はかどるポイント

①感謝とリスペクト。
②時には「一緒にがんばろう」。
③ゆるすぎないバランスが大事。

　職場には自分の気持ちを安心して表現できる「心理的安全性」が必要と言われている。心理的安全性が高い職場では、意見が対立しても安心して仕事に専念でき、生産性も向上する。一方で、間違っていると思いながらも居心地のよさを意識するばかりに対立を避け、自分の意見を主張せず、相手の間違いを指摘しない状態が生じると、「ぬるま湯」組織になってしまう。教務主任として職員室の心理的安全性を高めるポイントを考える。

〈感謝とリスペクト〉

　いわゆる「ダメ出し」ばかりだったり、人格を否定するようなネガティブなフィードバックが飛び交ったりする職場は、不安が生じやすい。さらに職員室での言動は、そのまま教室において教師と子どもたち、また子どもたち同士の人間関係にも悪影響を及ぼす。

　忙しくなると自分が仕事に集中できているのは、誰かの支えがあるから、という当たり前すぎることをつい忘れ、他責思考に陥りがちである。その負のスパイラルを脱するには、職員室で大きな影響力のある教務主任が、上下問わず、些細なことでも率先して「感謝」と「リスペクト」を表すことが大事である。「ありがとう」という言葉を忘れず、リスペクトをもって指摘することを心掛けたい。

〈時には「一緒にがんばろう」〉

　教務主任は、同僚に指示を出すことが多い職種である。しかし期限を確実に伝えたにもかかわらず、すべての教員が守ってくれるわけではない。喉元まで「伝えたのに」と言いそうになるなど、他責思考に陥りがちになることもある。期限に余裕をもって教務主任からリマインドを周知したり、学年内や校務分掌内で、期限に遅れないように確認しあってもらえる体制を構築したりすることは当然であるが、学年主任もほとほと困り切っていたり、能力的に困難だったりするケースもあり、そのようなときには教務主任が一緒になって解決を手伝うことも必要である。期限が守れないことを注意・指摘する以上に、どうしたら期限が守れるかをその教員と一緒に考え、解決していく「寄り添う」姿勢も必要である。

〈ゆるすぎないバランスが大事〉

　叱られることもなく、寛容さばかりで、ただ居心地がいいだけの組織は、表面的には人間関係が良好であっても刺激や緊張感がなく、生産性は低くなってしまう。ゆるさに違和感を覚え、不満を感じている教員も思っている以上に多い。組織のためにも、人の成長のためにも、指摘すべきことは毅然として指摘する厳格さが必要である。これを実現するためには相互の信頼関係がなくてはならない。そのためには、教務主任としても自分を律し、有言実行な姿勢はもちろん、同僚に対してこまめでポジティブなフィードバックと、厳しく指摘した後には適切なフォローを忘れずに心掛けたい。

〈教務主任に求められるもの〉

「失敗の反対は何もしないこと」と言われるように、リスクをとらずにチャレンジしない職場は、改善意欲が低く「例年どおり」が当たり前になり、新しいアイディアは生まれにくくなる。教務主任はリーダーシップを発揮する、適切なアドバイスをすることと同時に、同僚の意見を否定せずにしっかりと耳を傾けたり、自らが自分の失敗談や弱みを正直に話したりすることで、心理的安全性の高い職場づくりを進めていきたい。

常に先を読む

はかどるポイント

①教育課程の編成は1年先を見る。
②今日、明日、明後日のことも。
③何かあっても動じない。

　教務主任の仕事は多岐に渡るため、マルチタスクに陥ることもしばしばである。目の前のことで手一杯になるからこそ、決められたことを適切に行う、また管理職からの指示に従って言われたことを確実に行うのは教務主任として必要な資質・能力である。しかし、教務主任が他の教員よりも「先を読む」行動をすることで、学校運営は安定し、結果的に教務主任の仕事を楽にする。

〈教育課程の編成は1年先を見る〉

　新年が明けて早々に、各教育委員会では次年度の教育課程説明会を開催し、教務主任はそれに出席する。そこでは、各自治体の方針等が各学校に下り、それを受けて次年度の教育課程の編成が始まる。

　教育課程を編成するうえで、最も重要な作業の一つが年間行事予定の作成である。運動会や展覧会などの大きな行事から、各学年の校外学習、保護者会など学校行事等を、校内事情はもちろん自治体の各種研修や近隣校園の行事等とも調整して作成する。同時に年間の授業時数や行事時数が標準時数に達しているかも確認する。

　これらの緻密な作業こそが「先を読む」力のもととなる。教務主任の頭の中では、すでに次年度すら終了していると言っても過言ではなく、それが教務主任としてさまざまな判断をするための材料となる。

〈今日、明日、明後日のことも〉

　月単位、週単位での先読みはもちろん、日々の先読みも必要である。感染症拡大で明日より学級閉鎖を行うとの決定が突然下りる、教員に体調不良者が発生して急遽時間割の変更を行う、校外学習が雨で翌日に延期になるなど、学校では今日、明日、明後日の急ぎの変更も多い。一つの変更は、ドミノ倒し的に次々に変更と調整に追われる。しかし、そのやりくり一つひとつが自分自身の経験値や次への自信を増やすことになっている。

「週予定表」は多くの学校で教務主任が作成している。これらの経験が高まると、職員へ１週間程度早めて提示・配布することができるようになり、変更・修正の連絡の周知もスムーズになる。

〈何かあっても動じない〉

　教務主任には、関係各所からさまざまな相談があり、そのなかにはさまざまなアクシデントへの対応を始め、無理難題と思われることも結構な割合である。そんなときこそ教務主任が「ミスは起こるもの」「変更は当たり前であること」という前提で動くようにしていると、周りも安心して相談、報告ができるようになる。

　さらには、先を読んで動いている分、教務主任自身が失敗することもある。自分がしてしまったミスやヒヤリハットを隠そうとせず、率先して職員打ち合わせ等で報告できる教務主任でありたい。

〈教務主任に求められるもの〉

　先を読むには、上記のとおり人一倍の努力が必要である。しかし自分一人の力だけで読める「先」はたかがしれており、いかに周りの職員を味方につけられるかがカギとなる。つまりその努力には、相手のちょっとした変化への気遣いや自分にしてくれたことへの感謝を忘れないことも含まれる。さりげない声掛けや気遣いをすることや、体調の悪そうな人や業務が集中しすぎている人に気を配り、適切な支援をすることで、職員室の士気の低下などを未然に防ぐことができるだけでなく、先を読む情報が教務主任に集まってくる。

　周りの人に目を配ることも、先を読むためのポイントである。

想定外を想定する

はかどるポイント

①このご時世、変更があるのは当たり前。
②職員からの変更依頼に柔軟に対応。
③学校の危機には主体的に。

　令和2年2月末に首相より発せられた新型コロナウイルスによる「学校一斉臨時休業」や東日本大震災級の自然災害など、想定外なことが起こる世の中である。しかし、これから教務主任になる方々はこれら未曾有の出来事をすでに経験したことで、想定の範囲は確実に広がっている。もっと言うと、これまで経験したことがそのまま想定内として自分自身の判断材料になっているはずである。

〈このご時世、変更があるのは当たり前〉

　感染症拡大による突然の学級閉鎖の対応、GIGAスクール構想によるデジタル化の推進など、変更が当たり前の世の中になってきている。これらの変化すべてに柔軟に対応するのは困難ではあるが、すでに多くの学校で教務主任が中心になり一つひとつ乗り切ってきている。大きな変化に対して免疫力が高まってきているばかりか、働き方改革もあり、新しいことへ挑戦する抵抗感も薄くなってきた。

　学校文化の「前例踏襲主義」が根強かったのは、もしかしたら教務主任の考え方も大きかったかもしれない。今こそウォルト・ディズニーの名言「現状維持では後退ばかりである」と、教務主任が中心になって、これまでの学校運営をさらにアップデートし、またICT等を活用して業務の効率化や、不要なもののスクラップをすすめていきたい。

〈職員からの変更依頼に柔軟に対応〉

　教務主任は他の教職員よりも先を見て動いている分、教職員が理解しきれないでスムーズに事が進まないと「伝えたのに」「またか」などと思いがちである。また、バス会社や施設の予約の都合で校外学習の日程を変更したい、突然の出張で会議の日程を変更したいなどの依頼が教務主任のもとに殺到した際に、どうしても「勘弁して」とばかりに嫌な顔をしてしまいがちである。

　しかし、こういうときこそ「恩を売る」くらいの気持ちで柔軟に対応したい。相談が来なくなることこそ実は危機である。困っている職員に親身になって相談に乗り、一緒になって解決してあげられる教務主任でありたい。信頼されることでより多くの情報が教務主任に集まり、一秒でも早く相談されれば、それだけ早く多くのことが解決しやすくなるからである。

〈学校の危機には主体的に〉

　学校の危機的状況を喜ぶ者はいない。とはいえ、困難な仕事が目の前にあると気付いていても指示待ちになったり、後回しにしたりせず、自ら主体的にスピードを意識して行動する習慣をもちたい。いち早く管理職と相談し、最初の一手を早く打てれば、状況が変わったとしても、リカバリーできる時間も多くなる。

　他校の危機などを自分事として捉え、自分だったらどう判断し、どう行動するかをシミュレーションしておく癖をもっていたい。

〈教務主任に求められるもの〉

　教務主任は、全部一人でできる人しかなれないわけではない。想定外なことが起きたときはなおさらである。自分のキャパシティには限界があり、苦手な分野は得意な人に頼むほうが圧倒的に効率的である。普段から周りをよく見て、積極的に関係性を構築しておくことで想定外のことにも対応しやすくなる。また、自分も周りのために協力を惜しまないことも大切である。「自分でやったほうが早い」と考えず、「この仕事をお願いするとしたら誰に頼むのが適任だろう」と考えておくことも想定外を想定することの一つである。

3章

組織運営の
ポイントはここ

東京都江東区立深川小学校長　清水 太

組織的運営とは何か

はかどるポイント

①分かりやすい教育課程の編成。
②情報と成果の共有。
③分かりやすい情報発信。

　組織的運営とは、学校の教育目標を達成するために、教職員や学校関係者（保護者・地域等）が協力して、学校を運営することである。それは、校長の学校運営の基本方針や経営計画に基づき教育課程を編成し、教職員との協働体制のもとに保護者や地域との連携を図りながら、教育活動を実施することである。

〈分かりやすい教育課程を編成する〉

　毎年度編成する教育課程だが、どれほどの教職員が内容を理解し、その確実な実施に向けて、日々の指導と関連付けて教育活動に取り組めているだろうか。年度末の超多忙な時期に教職員総出で教育課程を編成し、そのまま慌ただしく新体制で新年度を迎える学校現場においては、改めて教育課程を読み直すことはむずかしい。

　こうしたなかで、実行性のある教育課程を編成するためには、「分かりやすい教育課程」を編成することである。学校の特色や児童・生徒の実態を踏まえ、誰が読んでも分かりやすい言葉や表現で記し、教育活動を具体的に想像しやすい内容にすることが大切である。

　「分かりやすい教育課程」は、教職員の協働につながるものである。

〈情報と成果の共有〉

　学校では、毎日、些細なトラブルからいじめやけが・事故など、

さまざまなことが起きている。また、保護者対応や特別な支援を要する児童・生徒への対応などもある。こうした情報を確実に教職員同士で共有することで、当該教職員だけに抱え込ませないだけでなく、教職員相互の力量形成にもつながる。

　また、各学級・学年の児童・生徒の様子や変容、教育活動の成果などよい情報を共有することで、一人ひとりの児童・生徒、教職員の自己有用感や達成感・成就感が高まり、さらなる成長や協働体制構築を促進することができる。

〈分かりやすい情報発信〉

　学校から保護者・地域には、さまざまな方法で情報を発信している。たとえば、学校だよりや学年・学級だより、各種行事等のお知らせ、ホームページ等がある。また、近年は児童・生徒に１人１台端末が供与され、それを活用した情報発信も行っている。

　組織的な学校運営において、保護者・地域の協力や連携は必要不可欠である。そこで改めて見直したいのが、学校からの情報発信は、「伝えたいことが保護者・地域に伝わっているか」「知りたい情報を発信しているか」である。とかく学校から発信する各種たよりやお知らせは、分かりづらい文章になりがちである。また、伝えたいことと、知りたいことにズレがあることがある。

　学校からの情報発信においては、常に受け手側の立場になって、誰でも分かりやすい文章（構成・言葉・表現・表・図等）、初見で概要が分かる文章、読む必要性・必然性のある情報を発信することが重要である。

〈教務主任に求められるもの〉

○校長の学校運営の基本方針や経営計画を十分に理解し、それを分かりやすい言葉や表現で教職員へ伝える力。

○教職員同士をつなぐ環境づくり。

○各種情報を発信する際の文章構成力・表現力。

意思決定のシステムと責任の明確化

はかどるポイント

①情報を共有する。
②ラインで仕事をする。
③責任者は校長である。

　学校における教員の裁量の範囲は広い。学習指導や生活指導、保護者対応、校務分掌などその内容は多岐に渡り、いつ・何を・どうするのかなど、その裁量の多くは一人ひとりの教員に任されている。

　その反面、問題を一人で抱え込んでしまったり、物事の考え方や指導のあり方などが独善的になってしまったりすることがある。

　時には誤った判断・行動によりさまざまな問題を生じさせてしまうことがある。

　学校における意思決定は校長がするものであり、その責任はすべて校長であることを理解し、組織的に職務を遂行することが重要である。

〈情報を共有する〉

　毎日の学習指導や進捗状況、児童・生徒の様子や児童・生徒にかかわる諸課題、保護者対応など、すべての職務について情報を共有することが大切である。些細なことでも情報を共有することで、さまざまな課題や問題の未然防止や早期発見・早期対応につながる。また、教員一人では思いつかないようなアイディアや指導方法などを知ることもでき、個々の力量形成にもつながる。

　さらに他教員とのコミュニケーションが活発になり、職場のよりよい人間関係や組織としてのチーム力を高めることにもつながる。

〈ラインで仕事をする〉

　学校において、意思決定する際は必ずライン（たとえば、担当→学年主任・分掌主任等→教務主任→教頭・副校長→校長）で仕事をすることが重要である。

　このラインを通すことで、さまざまな視点・観点で見直しや修正が加えられ、提案や対応等がよりよいものにブラッシュアップされていく。

　また、ラインで仕事をすることで、提案や対応等が担当者個人のものではなく、組織としての提案・対応等となるとともに、最終的な意思決定者は校長であるため、責任の所在が明確になる。

〈すべての責任は校長〉

　どのような些細なことでも、学校で行われるすべての教育活動において、その責任者は校長である。とかく学校で問題が生じたときに、より大きな問題に発展するときは「校長が知らなかった」というときである。問題の軽重にかかわらず、校長が知っていることで適切な対応が可能になるとともに、校長が知っていることでその責任が校長にあることが明確になる。

　そのためにも、「情報の共有」「ラインで仕事をする」が大切であり、万が一問題が生じたとしても、責任の所在が明確になり一人ひとりの教員を守ることにもつながる。

〈教務主任に求められるもの〉

○教員が安心して報告・連絡・相談ができる人間力。

○さまざまな情報の収集力。

○管理職とのコミュニケーション力。

校務分掌の機能

はかどるポイント

①**分かりやすい分掌構成。**
②**公平性のある役割分担。**
③**計画的な分担ローテーション。**

　校務分掌は、学校を円滑に運営するために、教職員が役割を分担して校務を行うことである。

　校務分掌は、学校ごとに分掌業務の内容や特色が異なるため、その決め方はさまざまである。大きくは「学校運営にかかわる校務分掌」と「各教科等の校務分掌」がある。

　この校務分掌が効果的に機能することで、学校運営を円滑に進めることができる。また、すべての教職員で校務を分担し、一人ひとりが責任をもって役割を果たすことで、その専門性を高めるとともに学校運営への参画意識を醸成することができる。さらに、分掌ごとに教職員が連携・協力することによりチームとしての機能を発揮し、学校全体の組織力の向上を図ることができる。

〈分かりやすい校務分掌〉

　学校運営において必要な校務にはどのようなものがあり、誰が担当しているのかなど、分かりやすい校務分掌を構成することが大切である。また、どの教職員も複数の分掌を担っており、分掌ごとに複数の教職員が所属しているため、会議や打ち合わせを行う際に集まりやすいメンバー構成にすることも必要である。

　それぞれの担当分掌が分かりやすくなることで、日常業務のなかで連携や協力がしやすくなり、円滑な校務分掌の遂行につながる。

〈公平性のある役割分担〉

　学校の校務は多種多様であり、その数は所属する教職員人数の何倍もある。また、校務分掌の数はどの学校でもそれほど大きくは変わらない。そのため、学校規模によって一人の教職員が担当する校務の数は異なり、当然小規模校の場合はその数は多くなる。

　そこで大切なのが、担う役割分担の公平性である。校務内容の軽重や職層、経験年数等によって、担当する校務やその数は変わるが、教職員が理解・許容できる公平性のある役割分担をすることで、負担感を軽減し、納得して校務に取り組むことができる。

〈計画的な分担ローテーション〉

　校務分掌の分担を考えるとき、経験者に任せたほうが、校務分掌が機能しやすいため、前年度と同じ分掌を継続することが多い。しかし、一部の教職員に頼り切ってしまうと、校務の偏りや負担感が増すだけでなく、その人がいないと校務が回らなくなる恐れがあり、さまざまな校務を担える人材が育たず、持続可能な校務運営が困難になる。

　そこで重要なのが、担当する校務を計画的にローテーションにすることでさまざまな校務分掌を経験させることである。そうすることによって、教職員の資質・能力が高まるとともに、さまざまな校務分掌の理解が進み、教職員同士の連携・協力体制が強化されることにもつながる。

〈教務主任に求められるもの〉

○校務分掌の内容を十分に理解していること。

○連携・協力がしやすい校務分掌構成を構想すること。

○教職員とコミュニケーションを図りながら校務分掌の進行を管理すること。

校務分掌を見直す

はかどるポイント

①分掌の整理・統合。
②職層を生かした分掌分担。
③分掌の評価と再構成。

　校務分掌は、学校運営におけるすべての校務を教職員が協力して行うための役割分担である。全教職員で校務を分担することで、一人ひとりの負担を軽減し、学校運営を効率よく円滑に進めることができる。

　しかし、その一方で校務分掌が細分化しすぎて複雑化し、担当者が分かりづらくなっている場合や、一人で抱え込んでしまうこともある。また、小規模の学校の場合は、一人が抱える分掌が多く負担が増加することもある。

　校務分掌は、前年度踏襲されることが多く、知らず知らずのうちに、さまざまな課題や問題点が蓄積していく傾向がある。ここで、改めて校務分掌の目的に立ち戻って、毎年見直しをする意識をもちたい。

〈分掌の整理・統合〉

　学校の課題や地域のニーズに合わせて、分掌を整理・統合し、分かりやすいものにする。細かな分掌は、各部・各委員会に位置づけ、部・委員会として取り組むことで一人ひとりの負担感を軽減することができる。また新しい業務が生じたときは、新たな分掌を設置するのではなく、既存の分掌を活用することも必要である。

　たとえば、「周年委員会」を統括組織として新しく設置する際は、

その機能を運営委員会に設置し、その委員会を支える担当部は新たにつくるのではなく、既存の低・中・高学年部会、専科部会などを活用し、日常業務の延長で打ち合わせや仕事ができる体制を整えることも考えられる。

〈職層・経験を生かした分掌分担〉

　校務分掌を一人ひとりに分担することで個々が責任をもって職務を遂行するといううえではよい面もあるが、他方で一人ひとりの負担感が増すとともに偏った対応になることもあり、組織的な学校運営をむずかしくする場合もある。

　学校の組織的運営やチームとしての連携を生かすためには、それぞれの分掌を個人ではなく、部・委員会内の小グループに割り当てることも有効である。また、その小グループには、まとめ役・調整役として主任教諭や多少なりとも経験のある教諭等を意図的に配置することで、教員相互の育成も図りながら、組織的に分掌業務を遂行することができる。

〈分掌の評価と再構成〉

　学校では、毎年さまざまな課題やニーズが生まれる。そのため、常に柔軟な対応が求められる。

　しかし、現状を維持したままビルド・アンド・ビルドでは、教職員の業務が増える一方である。

　そこで、校務分掌を効果的に機能させるには、スクラップ・アンド・ビルドが必要である。常に現状の課題やニーズを発見・把握し、各分掌の必要可否や効果を評価検証し、前年度踏襲にとらわれることなく、積極的に再構成することが必要である。

〈教務主任に求められるもの〉

○的確な現状把握力と課題発見力。

○新たな課題やニーズへの対応力。

○現状にとらわれない改善・改革意識と提案力・実行力。

校務分掌にかかわる指導・助言

はかどるポイント

①的確な現状把握。
②具体的な方法や手段を提示する。
③フォローアップをする。

　校務分掌にかかわる指導・助言とは、各校務分掌を担う長（以下、分掌主任）や担当者に対して、校務分掌に関する業務の遂行について行う指導・助言のことである。

　校務分掌は、学校の運営に不可欠な業務であり、各分掌主任も、その責任者として、関係教職員の指導・助言を行うことが求められる。分掌主任の指導・助言の質を高めることで、円滑な校務分掌の遂行につながるとともに、教職員の資質向上にもつながる。

〈的確な現状把握〉

　指導・助言を行う前に、進捗状況や円滑な遂行を妨げる問題点、また分掌主任や担当者が何に困り、悩んでいるのかなど、現状を的確に把握することが重要である。

　分掌主任や担当者に必要感のない指導・助言や、課題や問題解決につながらない指導・助言は迷惑なだけである。

　まずは、的確に現状を把握することで、分掌主任や担当者が必要としている指導・助言や重点を判断することができ、指導・助言の方向性を定めて効果的な指導・助言を行うことができる。

〈具体的な方法や手段を提示する〉

　指導・助言を行う際には、具体的な方法や手段を提示することが重要である。

具体的な方法や手段を提示することで、指導・助言がより分かりやすくなり、分掌主任や担当者が指導・助言を効果的に実施しやすくなる。

　たとえば、体育的行事の実施案作成において、練習計画や校庭・体育館の割り当てなどに悩んでいる様子があれば、各学年の種目別割り当て回数を発達段階に応じて例示したり、他教科との時間割調整の考え方など指示したりするなど、条件整理をすることで解決方法を明確にすることができる。

〈フォローアップをする〉

　指導・助言を行った後は、フォローアップを行うことが重要である。指導・助言によって課題が解決したか、新たな問題点は生じていないか、円滑な業務遂行につながっているかなどを見極めてフォローアップを行うことで、指導・助言の効果を検証し、必要に応じて指導・助言を修正することができる。

　また、分掌主任や担当者の成果を評価することで、自己有用感や達成感、成就感を味わわせることにつながり、分掌業務に対する意欲向上にもつなげることができる。

〈教務主任に求められるもの〉

○現状の課題や問題等の把握・評価・分析力。

○具体的な解決策や手立てを提示できる経験と発想力。

○分掌主任や担当者を確実に成功に導くことができるリーダーシップ。

校務分掌は人材育成

はかどるポイント

①計画的に教務部を経験させる。
②若手教員に分掌主任を任せる。
③ミドルリーダー層を育てる。

　校務分掌における人材育成とは、校務分掌に関する業務を担う教職員の能力や資質を向上させることである。校務分掌は、学校の運営に不可欠な業務であり、教職員一人ひとりの能力や資質が求められる。校務分掌における人材育成は、学校教育の質を向上させるために重要な取り組みとなる。

　また、計画的・意図的に担当する校務分掌を担わせ、その専門性を伸ばしたり、さまざまな分掌経験を積ませたりすることで、どの校務分掌でも担える人材育成を図ることも大切である。

〈計画的に教務部を経験させる〉

　教務部の業務は、年間・月間行事予定作成、時間割作成、授業時数管理、成績処理、指導要録の作成・管理、教科用図書、学籍・転出入、各種届、各種証明書発行など、学校運営全体にかかわる多種多様な業務、また責任の重い業務を扱う分掌である。また、勤務校の異動があっても、どの学校でも重要な業務であり、基本的な業務の進め方は同じである。

　この教務部を経験することで、学校全体を把握することができるとともに、さまざまな事務業務の法的根拠や文書作成の規定などを知ることができるため、学校における事務業務はもちろん、他の校務分掌においても、高い目的意識をもって主体的に取り組めるよう

になると考える。

　したがって、若手教員をはじめ、教務部未経験の教員、新規採用教員には、計画的に経験させることで、効果的な人材育成を図ることができる。

〈若手教員に分掌主任を担わせる〉

　近年、学校では新規採用教員や経験年数の浅い教員など、若手教員等が急増している。また、出産休暇・育児休暇・病気休暇等を取得する教員も増え、臨時的任用教員が多く在籍する学校も少なくない。一方でミドルリーダーと呼ばれる主幹教諭や主任教諭等が不足している現状がある。

　こうしたなかで、各校務分掌の長（以下、分掌主任）を限られたミドルリーダーに負担をかけるのでなく、積極的に若手教員等に任せることで、人材育成を推進することができる。当初はうまくいかないこともあるが、個々の能力・資質を見極めながら、多少の困難を与えそれを乗り越える経験を通して、若手教員等を大きく成長させることができる。

〈ミドルリーダー層を育てる〉

　若手教員等に積極的に分掌主任を任せる一方で、限られた主任教諭や多少経験のある教員を複数の校務分掌のサポート役を担わせる。若手教員等に指導・助言をしながら、さまざまな校務分掌を横断的に経験することで、学校全体を見通して業務を遂行する力や、若手教員等を育成する能力を身に付けることができるため、ミドルリーダー層を育成することにもつながる。

〈教務主任に求められるもの〉

○教職員一人ひとりの能力や資質を見極め校務分掌の分担をすること。

○ミドルリーダー層の相談役・サポート役となること。

○個々の成長や変容を認め、評価すること。

会議と打ち合わせ、時間設定とICT活用

はかどるポイント

①会議削減と効率化。
②部・委員会の会議充実。
③企画会・運営委員会の重点化。

　働き方改革が声高に叫ばれるようになり、多くの学校で取り組んでいるところである。働き方改革を進めるうえで必要なことは、限られた勤務時間のなかで、教職員がやりたい業務・やるべき業務に専念できる時間を確保し、"働き甲斐"を実感できるかである。

　そこで、こうした時間を確保するためには、単なる情報共有のための会議等をなくし、より効率的な会議運営（短時間・少人数など）を推進することが求められる。

〈会議削減と効率化〉

　月１回程度の定例職員会議は廃止または効率化を図る余地が十分にある。職員会議は学校教育法施行規則48条１項に「学校には、設置者の定めるところにより、校長の職務の円滑な執行に資するため、職員会議を置くことができる」と規定されているが、「置かなければならない」ではない。また、その内容は大別すると、①校長の意思の伝達・周知、②教職員の意見聴取、③教職員間の連絡・調整などである。

　そこで、こうした情報の伝達・共有をデータ共有に代え、儀式的行事や大きな体育・文化的行事等の提案については、その都度、全体会議を設定し、短時間で会議を行うことで、これまで職員会議に費やしてきた時間を大幅に削減することができる。

また、会議に必要な資料は事前にデータ資料として共有・周知し、会議当日は補足・共通理解が必要なことのみの周知と質疑応答、ICT機器を活用したペーパーレス会議とすることで効率化を図る。

〈部・委員会の会議充実〉

　各種提案事項を協議するために定期的に行っている各部・委員会等の会議は、会議時間は最長30分程度に限定し、データ資料と協議・検討のポイントを事前に共有し、必要なことだけに焦点化して会議を行う。事務レベルの会議をより質の高いものにすることで、教職員の学校運営への参画意識も高まると考える。

〈企画会・運営委員会の重点化〉

　管理職および必置主任等による企画会は、時間割を調整し関係教職員の空き時間を揃え、授業時間内に行う。たとえば、「第3金曜日の3校時」などと決めておくことで、放課後のまとまった時間を教職員に開放することができる。

　企画会では、各種提案事項の協議・決定の場とする。必置主任等は各部・委員会等からの提案を十分に理解・把握したうえで企画会に臨み、必置主任等が管理職へ提案し、決裁・承諾を得る。

　運営委員会は、意見聴取とともに必要に応じて協議も行うが、原則、企画会で決定したことを周知する場とし、運営委員会で決定したことは運営委員会のメンバーがそれぞれの学年や関係教職員へ周知する。また、決裁された提案資料は、共有フォルダ等で共有・周知を図り、いつでも誰でも閲覧でできるようにする。

　以上のように、企画会・運営委員会を重点化することで、職員会議等の全体会議を削減・効率化し、教職員にとって自由度のある時間の創出につながる。

〈教務主任に求められるもの〉

○ 提案資料等の事前の整理・確認。

○ 高い校務改善意識とICT機器の活用力。

○ 各部・委員会との連絡・調整力。

ペーパーレスと校務改善

はかどるポイント

①共有フォルダの活用と構成の工夫。
②クラウドの活用。
③校務支援システムの活用。

　新型コロナウイルス感染症拡大により、GIGAスクール構想の実現が一気に加速し、多くの学校で児童・生徒、教職員へ１人１台端末が供与された。１人１台端末ではクラウドサービスを利用して、データ共有ができるようになっている。

　また、校内においても共有サーバーが設置されており、すべてのデータを共有フォルダで管理・共有できるようになっている。

　こうした環境を積極的に活用し、ペーパーレス化を推進することで、印刷・配布等の手間やコスト削減につながるとともに、データ共有により一つの業務を複数名で同時作業ができたり、個々の都合に合わせて時分割で作業したりすることができるようになり、校務改善や作業効率向上を図ることができる。

〈共有フォルダの活用と構成の工夫〉

　校務分掌にかかる業務はすべて校内サーバー内の共有フォルダで作業をすることで、いつでも誰でも必要なデータを閲覧・加筆修正等ができるようになる。

　これによって、一人に業務を任せきりにすることなく、途中経過や進捗状況の確認、さらには直接加筆修正を行うことができ、複数で効率よく業務を遂行することができる。

　しかし、ここで重要なポイントは共有フォルダ構成の工夫である。

どこに目的のデータがあるかが、誰でも分かるようにしておくことである。たとえば、共有フォルダ構成を校務分掌のツリー構造（樹形図）と同様にしておくことで、それを辿っていけば目的のデータを取り出すことができる。共有フォルダ活用とそのフォルダ構成を工夫することで、校務遂行が格段に効率的になる。

〈クラウドの活用〉

校務分掌で各担当が作成したデータは、１人１台端末でアクセスできるクラウドにも保存することで、いつでもどこでも誰でも必要な資料を手持ちの端末で閲覧することができ、ペーパーレス会議や校内はもちろん出張先等でもペーパーレスで資料を閲覧できるようになる。さらには、校外学習や移動教室等で個人情報を持ち歩く必要もなくなり、服務事故防止にも生かすことができる。

〈校務支援システムの活用〉

近年は多くの自治体・学校で校務支援システムが導入されている。今まで会議や朝会・夕会等で伝えていたことも、校務支援システムの「掲示板」や「連絡帳」を活用することで、資料付きでいつでも発信することができる。また、受け手側も各自の都合で閲覧することができ、効率的に情報共有をすることができる。

そこで、たとえば出勤直後や退勤直前の１日２回は必ず校務支援システムの掲示版等を確認することを校内の約束ごととして決めておけば、確実に情報共有を行うことができる。

〈教務主任に求められるもの〉

○共有サーバー内の共有フォルダを分かりやすい構成にすること。

○データ共有のルール（保管・管理方法等）や校務分掌作業の仕方（共有フォルダ内で行う等）を全教職員に周知・徹底すること。

○共有サーバー内やクラウド内のフォルダ構成等を適時確認し、いつでも誰でも容易にアクセスできる環境を維持すること。

教頭・副校長との連携

はかどるポイント

①情報の共有（報告・連絡・相談の徹底）。
②教務主任の裁量の範囲を知る。
③教頭・副校長の業務の一端を担う。

　教務主任は教頭・副校長とともに、学校の教育課程を着実に遂行する重要な役割を担っている。教務主任は、教育課程の編成・実施・評価等を行い、教頭・副校長は、校長を補佐して学校全体の運営を行う。また、教頭・副校長の指示を受けて、実際に教職員を動かし円滑に校務を遂行するのは教務主任の役割である。

　したがって、教務主任と教頭・副校長の連携がうまくいけば、教育課程の円滑な運営や、学校全体の教育目標の実現につながる。

〈情報の共有（報告・連絡・相談）〉

「教頭・副校長が知っていて、教務主任が知らない」「教務主任が知っていて、教頭・副校長が知らない」ということがあると、円滑な学校運営に支障をきたす。

　教職員に対して具体的な指示を出すのは教務主任である。一方、教頭・副校長に対しても指示を仰いだり相談したりすることもある。そのときに、教務主任と教頭・副校長の言うことが異なると教職員は困惑してしまう。

　また、教務主任に報告したことが、教頭・副校長に正しく伝わっていれば、教務主任が不在のときでも、教頭・副校長から的確な指導・助言を得ることができる。教務主任と教頭・副校長が確実に情報共有できていることは、教職員に大きな安心感を与える。

〈教務主任の裁量の範囲を知る〉

　教職員にとってもっとも身近な相談役は教務主任である。さまざまな相談を受けるなかで、教務主任としてどの範囲までを判断し、指示してよいか迷うことがある。しかし、その都度、教頭・副校長に相談に行くのでは、教職員としては「次は、直接教頭・副校長に聞こう」となってしまう。一方、些細なことを教頭・副校長に聞くと「教務主任に聞いて」となってしまう。

　そこで、大切なことは、「教務主任としての裁量の範囲」を知ることである。この裁量の範囲は、学校や校長、教頭・副校長によってさまざまである。教務主任として、教頭・副校長とこまめに連携を図り、「教務主任として裁量の範囲」を明確にしておくことが重要である。

〈教頭・副校長の業務の一端を担う〉

　他者の立場になって物事を見るということは、言うは易く行うは難しである。そこで、実際に教頭・副校長の業務の一端を担うことで、見えなかったものが見えたり、意識が変わったり、物事の捉え方が変わったりする。

　教職員を一段上のハードルにチャレンジさせることで成長するように、教務主任も教頭・副校長の業務の一端を主体的に担うことで成長する。教頭・副校長と連携するなかで、積極的に教頭・副校長の業務にチャレンジしてみよう。

〈教務主任に求められるもの〉

○どんなことも報告・連絡・相談する謙虚さ。

○自分の力量を知るメタ認知力。

○積極的なコミュニケーション力。

○現状に満足しないチャレンジ精神。

教務主任のリフレクション

はかどるポイント

①短期的な評価と改善。
②教職員の変容を見逃さない。
③「なくす・かえる・へらす」。

　教務主任のリフレクションは、教務主任の職務や活動を振り返り、今後の改善策を検討するためのものである。

　教務主任は、教育計画の立案や実施、教員への指導・助言、教務に関する事務処理、校務分掌など、幅広い職務を担っている。

　そのため、リフレクションでは、これらの職務をどのように遂行し、どのような課題があったか、今後どのように改善していくべきかなどを具体的に評価・検討することが大切である。さらには、教務主任のリフレクションは、教務主任の能力向上や、学校運営の質の向上につながる。

〈短期的な評価と改善〉

　教務主任の職務は幅広く多岐に渡るため、リフレクションは取り組みや活動ごと、行事ごと、学期ごとなど、職務の内容に合わせて、短期的に行うことが重要である。そして、それらの評価を基に、すぐに改善すべきこと、中長期的に改善すべきこと、行事や活動などそのものを見直すことなど、分類して対応していくことが大切である。

　とくにすぐに改善すべきこと・できることについては、具体的に方策を考え、管理職と協議し、迅速に日常の職務に生かしていくことで、リアルタイムにリフレクションの結果を学校運営に反映させ

ることができる。

〈教職員の変容を見逃さない〉

　教務主任の職務の大きな項目の一つとして、人材育成（教職員への指導・助言）がある。そのためには、日常から教職員の変容を見逃さないようによく観察し、その変容した姿を通して、教職員への指導・助言についてリフレクションを行うことが大切である。

　たとえば、教職員の専門性や指導力を向上させる指導・助言ができているか、教職員の働きがいを高める支援ができているか、教務に関する事務処理を効率的かつ正確に行うための支援ができているかなど、日頃から教職員の様子を観察し、積極的なコミュニケーションを図りながら、人材育成を推進したい。

〈なくす・かえる・へらす〉

　学校の教育活動は「例年どおり」になりがちである。何かを変えることは多少なりとも負担感を伴うからである。しかし、「例年どおり」の繰り返しは一見楽なようだが目標・目的意識が希薄になり、非効率な取り組みの蓄積を生み、教職員の負担感・閉塞感等につながっていく。

　日常業務のリフレクションを行いながら、さらに一歩踏み出し「なくす・かえる・へらす」意識をもって、必要可否「なくす」をはじめ、「かえる・へらす」を前提に、現状の取り組みや業務を見直すことで、効果的なリフレクションにつながる。

〈教務主任に求められるもの〉

○物事を自分の思い込みや偏見にとらわれず、事実を客観的に捉え振り返ること。

○リフレクションの結果を、具体的な行動に移すこと。

4章

教育課程編成の
コツをつかむ

東京都港区立芝小学校長　川原 哲郎

4章 教育課程編成のコツをつかむ

学校経営計画の具現化

はかどるポイント

①校長の学校経営計画は、教育目標を実現するための計画であることを理解する。
②教育課程は、学校経営計画を具現化していくものであることを理解し編成する。
③教育課程は、学校全体の教育活動の指標となるものとして編成する。

　学校経営計画は、各校にある教育目標を達成するため、校長が学校をどのように運営していくかをまとめたものである。そこには、教育目標を達成するための方策や目標を設定することが含まれている。その学校経営計画をいかにして具現化していくかが、教育課程の編成にかかっている。

〈教育目標と学校経営計画の関係を正しく理解する〉

　各校にある教育目標は、学校が子どもたちに対してどのような資質・能力を育成するかを示したもので、知・徳・体の３本の柱からなっていることが多い。そこには各校の実態を踏まえ、教師と子ども、保護者の願いが詰まっている。また、学校が保護者や地域の人に示した公約でもある。したがって学校は、教育目標の実現に向けて全力を注がなくてはならない。そのために校長が掲げるものが学校経営計画である。

　つまり、各校の教育目標と校長の学校経営計画は密接に関係しており、そのことを正しく理解していなければ、各校の実態に合った教育課程の編成ができないことになる。

〈学校経営計画を具現化していくものが教育課程である〉

　学校経営計画とは、学校が学校内部や学校外部の関係者などに対して、学校経営のなかでめざす学校像や教育目標、目標を達成するための方策を計画として示したものである。３年間程度の中期的な目標と当該年度のやや短期的な目標として経営計画を示すものである。

　そこには、人材育成目標や組織改善目標なども含まれ、併せてその目標実現に向けての行動計画も示している。その学校経営計画を具体的に実現していくために必要なのが教育課程であることを理解しておかなくてはいけない。

〈教育課程は、教育活動の見通しがもてるものでなくてはならない〉

　先に述べたように、学校経営計画を具現化していくものが教育課程である。教育課程とは、学校教育全体や各教科等における指導を通して育成をめざす資質・能力を踏まえつつ、各学校の教育目標を明確にする必要がある。教育課程を読んだときに、自校で行っている教育活動が目に浮かぶようなものでなければならない。そのためには、分かりやすい言葉（キーワードになるもの）を適切に使っていく必要がある。

　教育委員会では、教育課程の説明会で「教育課程編成にあたっての留意事項」として、キーワードを示すこともある。こうしたキーワードを使うことで、分かりやすい教育課程の編成が可能になり、教育活動のイメージをもつことができることもある。

〈教務主任に求められるもの〉

　まずは校長の学校経営計画を正しく理解すること。そのために、校長とのコミュニケーションを大切にすると、文面には表現されていないこと、読み取れないことなども理解できるようになる。

　また、学校経営計画を正しく理解したうえで、分かりやすい言葉で教育課程の編成を行うように心がける。

重点項目とは何か

はかどるポイント

①学校経営計画における重点項目を押さえる。

②すべては、学校経営計画の具現化のためにという意識で教育課程を編成する。

③学校経営計画の具現化のためには、具体策を明確に示していく。

　各校の教育目標は毎年変わるものではないが、校長の掲げる学校経営計画は、学校の実態、教育界を取り巻く環境、各自治体の教育施策等によって、その年度の重点項目は変わる可能性がある。そのため、なぜ重点項目となっているのかを正しく理解し教育課程の編成に努めなくてはならない。

〈重点項目は何かを押さえ、その背景も理解する〉

　学校経営計画における重点項目には、確かな学力の育成、豊かな心の育成、特別支援教育の充実、ICT 教育の推進、特色ある教育の推進など、さまざまなものがあげられる。これは、学校の現状や将来像を踏まえ、学校教育に求められているもの、各自治体の教育施策なども考慮して、学校全体で取り組むべき課題やめざす状態を明確にして、その実現のための手立てや行動計画を整理して公表するものである。

　校長がなぜ重点項目として取り上げたのか、その背景や理由を正しく理解することで、より具体的な行動計画、教育活動が見えてくるものである。

〈すべては学校経営計画の具現化のために〉

　前項「学校経営計画の具現化」のなかでも述べたように、学校の

教育活動は、すべて教育目標の達成のために行われるものである。教育課程を編成する際には、すべての教職員が「学校の教育活動は、学校経営計画の具現化のためにある」ということを理解していなくてはいけない。

　そのため教務主任は、学校経営計画と教育課程のどの部分がどうかかわってくるかを考え教育課程を編成し、教職員に説明できるようにしておく必要がある。

　そのことが、学校の教育活動のすべてが学校経営計画の具現化のために行われているということの理解につながってくる。

〈具体策を明確に示すことが重要〉

　学校経営計画を具現化するための教育課程であるが、その教育課程が抽象的では、教育活動を行う際にその目標や内容が経営計画の具現化にふさわしくないものになってしまう可能性がある。教育課程編成において、具体策を明確に示すことで、学校として、組織として同じ方向を向いて教育活動を行うことができるようになる。「〜するために、〜をする」「〜を育てるために、〜に取り組む」など、その目的と活動を具体的に示していく。

　また、指導の重点として、各教科、特別の教科道徳、特別活動、総合的な学習の時間、環境教育などを取り上げていたとすると、それぞれの項目について、より具体的に指導の目的、めざす子ども像、手立てなどを示すことによって、教職員もめざすもののイメージをもつことができる。

〈教務主任に求められるもの〉

　教務主任は、教育課程の編成にあたって校長の学校経営計画を正しく理解するのはもちろんであり、それを分かりやすく日々の教育活動と結びつけながら教職員に伝えていくことが必要である。

4章 教育課程編成のコツをつかむ

授業日数の考え方

はかどるポイント

①教育委員会の説明は重要！しっかり理解をする。
②授業日数と授業時数について、理解を深める。
③迷ったとき、分からないときは聞く。

　教務主任にとって、教育課程を編成する際に重要になってくる内容の一つに、授業日数と授業時数の取り扱いがある。その方向性は、各自治体の教育委員会が行う「教育課程編成についての説明会」で示される場合が多い。教育委員会の説明をよく聞き、その自治体の方向性を理解することが円滑な教育課程の編成につながる。

〈教育委員会の説明は重要！〉

　小学校の授業日数は、祝日、日曜日、土曜日、教育委員会が定める休業日（長期休業日など）を除いた日数になっている。学習指導要領では、各教科などの授業は、年間35週（小学校第1学年は34週）以上にわたって行うように計画することが定められている。また、教育委員会によっては、教育課程の編成にあたり土曜授業実施の日数（日数の範囲）を指定してくる場合もあるので、説明をよく理解し、編成にあたる必要がある。

　実際の授業日数については、教育委員会から標準の日数は示されるが、各校の実態により多少の幅をもたせることができる。また文科省の調査（2018年度）によると、小学校第5学年で平均203.3日、中学校第1学年で202.9日となっている。

〈授業日数と授業時数について理解を深め計画的に〉

　教育課程編成にあたっては、教育課程に関する法令や各校の教育

目標が定める教育の目的や目標の実現をめざして、指導のねらいを明確にし、教育の内容を選択して組織し、それに必要な授業時数を配当していくことが必要となる。各学校においては、教育の目的や目標の実現に必要な教育内容等を選択し、各教科等の内容相互の関係を図りながら指導計画を作成したり、児童・生徒の生活時間と教育の内容との効果的な組み合わせを考えたりしながら、年間や学期、月、週ごとの授業時数を適切に定めたりしていくことが求められている。

　各学校は、各年度のカレンダーによって休業日に当たる期日を除くとともに、1年間に35週以上の条件を前提に、授業の曜日を調整しながら時間割の作成作業を行っている。学年ごとの週程（週に何時間授業を行うか）を決め、授業時数を割り出していく。また、行事や短縮授業、給食の日数などによって、カットになる時数も算出しながら、全体の授業時数を確認していく。ここで重要なのが、各教科の標準時数を確保することや行事時数の取り扱いである。

〈迷ったとき、分からないときは…〉

　教育課程の編成にあたっては、分からないこと、迷うことはよくあることである。とくに、授業日数や授業時数については、綿密な計画が必要になってくるため、判断に迷うことがよくある。そんなときは、管理職に相談する、近隣校の教務主任と情報を交換する、教育課程の相談日に教育委員会に質問するなど、一人で考え込まないことが重要である。

〈教務主任に求められるもの〉

　教務主任は、教育課程編成についての教育委員会の考えを正しく理解していかなくてはいけない。また、授業日数や授業時数については、年間の行事予定を含め、全体を見通した計画ができるように心がけていく必要がある。一人で悩まず、広く情報を収集することや相談することを心がけてほしい。

標準時数の考え方

はかどるポイント

①学校教育法施行規則別表の考え方を理解する。
②文科省の方針は？令和5年8月の通知を受けて。

　授業時数については、学校教育法施行規則によって標準授業時数が定められている。国により標準授業時数が定められている理由と取り扱い、そして令和5年8月に出された通知「『教師を取り巻く環境整備について緊急的に取り組むべき施策（提言）』（令和5年8月28日中央教育審議会初等中等 教育分科会質の高い教師の確保特別部会）を踏まえた取組の徹底等について」を受けて、授業時数の取り扱い方の変化を正しく理解し、教育課程を編成していく必要がある。

〈学校教育法施行規則別表にある標準時数の考え方〉

　学校教育法施行規則51条によって、標準授業時数が定められている。学習指導要領解説総則編では、授業時数の取り扱いについて以下のようなことが書かれている。

　別表第1に定められている授業時数は、学習指導要領で示している各教科等の内容を指導するのに要する時数を基礎として、学校運営の実態などの条件を十分考慮して国が定めたものであり、各校において、年度当初の計画段階から別表第1に定められている授業時数を下回って教育課程を編成することは、上記のような学習指導要領の基準性の観点から適当とは考えられない。

　しかしながら、このことは単に別表1に示されている各教科等の授業時数を形式的に確保すればよいということを意味するものでは

ない。各学校においては、標準授業時数等を踏まえ、学校の教育課程全体のバランスを図りながら、児童・生徒、学校、地域の実態等を考慮し、学習指導要領に基づいて各教科等の教育活動を適切に実施するための授業時数を具体的に定め、適切に配当する必要がある（1単位時間は、小学校45分、中学校50分）。

また、別表第1に定められている授業時数が標準時数と規定されているのは、児童・生徒や地域の実態を十分考慮して、児童・生徒の負担過重にならない限度で授業時数を上回って教育課程を編成し、上回った授業時数で指導することが可能であること、標準授業時数を踏まえて教育課程を編成したものの、不測の事態により授業時数を下回った場合でも、下回ったことのみをもって学校教育法51条および別表第1に反するものとはしないといったことも書かれている。

〈文科省の方針は？令和5年8月の通知について〉

上述の通知において、教育課程編成における授業時数の考え方が変わってきた。

具体的には、標準授業時数を大きく上回って教育課程を編成・実施することがないようにということである。すべての学校において授業時数について、児童・生徒の学習状況や教職員の勤務の状況、当該校における近年の休校や学級閉鎖の状況、教育課程の編成、実施における授業時数の配当や運用の工夫が必要かどうか、指導体制の見直し・改善が可能かどうかなどを点検し、教育課程の編成に臨むようにということである。

〈教務主任に求められるもの〉

これまでの教育課程編成の時数確保の考え方を改めていく必要がある。学校行事などを見直し、上に記した点検等を行うことにより、より効果的、効率的に教育活動を行えるよう計画し、時数軽減を視野に入れた教育課程の編成を行うようにする。

余剰時数の捉え方

はかどるポイント

①不測の事態に備えた余剰時数はもういらない。
②時数管理は確実に行う。
③授業カットと子どもたちと向き合う時間の確保を考える。

　これまでの教育課程編成では、万が一学級閉鎖になっても標準授業時数を確保できるようにと、余剰時間を取る、まさに不測の事態に備えた教育課程編成であった。しかし、令和5年8月の通知「『教師を取り巻く環境整備について緊急的に取り組むべき施策（提言）』（令和5年8月28日中央教育審議会初等中等教育分科会質の高い教師の確保特別部会）を踏まえた取組の徹底等について」を受け、授業時数の考え方が変わってきたこともあり、余剰時数の捉え方も変わってきている。

〈不測の事態に備えた余剰時数はもう必要ない〉

　これまで各校においては、不測の事態（災害や流行性疾患による学級閉鎖等）に備えて確保されてきた、いわゆる「余剰時数」については、過剰に設定されているという調査結果もあることから、指導体制に見合った授業時数を設定し、児童・生徒の負担を踏まえるとともに、学校における働き方改革に配慮した対応を検討することが重要であることから、各教育委員会・学校において適切にその設定の仕方を検討することが必要だとされている。

　なお、標準授業時数を踏まえて教育課程を編成したものの、災害や流行性疾患等による学級閉鎖等の不測の事態により授業時数を下回った場合でも、下回ったことのみをもって学校教育法51条およ

び別表第１に反するものとはしないとされている。新型コロナウイルス感染症の対応において、全国の学校で広くこの考え方が適用されたことが、その例である。そのため、不測の事態に備えた余剰時数の確保は必要ないものと捉えられる。

〈時数管理は重要！システム化して確実に〉

　不測の事態において、標準授業時数を下回った場合でも下回ったことのみをもって法令に反したことにはならないが、学習指導要領で示されている各学年の指導内容については、確実に指導する必要がある。教育課程編成で標準時数を大きく上回ることがないようにしていくことが必要だが、逆に言えば標準授業時数のなかで確実に指導内容を教え切らなくてはいけない。そのためには、各教科の実施授業時数をこまめに確認し、計画的に授業を進めなくてはならない。そのためにも、時数管理は重要になってくる。毎月実施授業時数をパソコンなどに入力させ進行管理ができるようにするなど、こまめにチェックできるような仕組みを確立する。また、学年等でしっかりと確認し合う体制を構築しておく必要もある。

〈授業カットと子どもたちに向き合う時間の確保〉

　余剰時数の削減は、児童・生徒の負担を踏まえるとともに、学校における働き方改革に配慮した対応でもある。ここで考えておきたいのは、働き方改革が求められるようになった背景である。その一つに、子どもたちと向き合うための時間や、授業の質を高めるための授業準備の時間を十分に確保できるようにするということがある。教育課程編成において、余剰時数を減らすことによってできた時間を子どもたちと向き合う時間として確保することができる。

〈教務主任に求められるもの〉

　教育課程の編成において、余剰時数の扱いは思い切って改革していく必要がある。しかし、授業時数の扱いや子どもたちと向き合う時間の確保については、教職員で共通理解をして取り組んでいく必要があるので、教務主任としてしっかりと説明していく。また、時数管理は確実に行い、気になる部分は声をかけていくようにする。

特別活動の時間設定

はかどるポイント

①これまでの学校行事の反省を生かし、見直しを行いながら、学校行事の時数を設定する。

②総授業時数＝標準時数＋学級活動以外の特活時数＋αの考え方。

　教育課程の編成において、標準授業時数に含まれている特別活動（学級活動）以外の特別活動の時間（学校行事等）の設定は、全体の授業時数（総授業時数）を考えるうえで重要である。標準授業時数を大幅に上回ることがないよう教育課程を編成するためには、この特別活動の時間を見直していく必要がある。

〈これまでの学校行事の反省を生かし、見直しを行いながら学校行事の時数を設定していくために必要なこと〉

　学校教育において学校行事は、望ましい人間関係を形成し、集団への所属感や連帯感を深め、公共の精神を養い、協力してよりよい学校生活を築こうとする自主的・実践的態度を育てるために必要なものである。

　その内容として主に、儀式的行事、文化的行事、健康安全・体育的行事、旅行・集団宿泊的行事、勤労生産・奉仕的行事がある。なかには、練習などで多くの時数を使うものもある。

　文部科学省の通知「『教師を取り巻く環境整備について緊急的に取り組むべき施策（提言）』（令和5年8月28日中央教育審議会初等中等教育分科質の高い教師の確保特別部会）を踏まえた取組の徹底等について」では、学校行事のことについても触れられている。そのなかには、運動会の開会式の簡素化や全体行進を省略すること

で全体での練習時間を減らしたり、入学式・卒業式における慣例的・形式的な要素を見直すことで式典時間を短縮したりする等の取り組み例があげられている。

　各学校においても、それぞれの学校行事の教育的価値を検討し、学校としての体裁を保つためのものや前例のみにとらわれて慣例的に行っている部分をやめ、教育上真に必要とされるものに精選することやより充実した学校行事にするため行事間の関連や統合を図ることなど、学校行事の精選・重点化を図る必要があるとしている。この視点をもって自校の学校行事を見直し、必要な時数を見通しをもって設定していかなくてはならない。

〈総授業時数＝標準時数＋学級活動以外の特活時数＋αの考え方〉

　総授業時数とは、標準授業時数に学級活動（年間35時間）以外の特別活動そして余剰時数などを加えたものである。学級活動以外の特活時数には、学校行事の他に、小学校においてはクラブ活動や委員会活動なども含まれる。これらの特別活動については、学校で適切な時数を確保することが求められている。クラブ活動や委員会活動については、教育委員会が行う教育課程編成説明会において、回数などが示される場合もある。

　ここで言う、＋αの部分については、あえて余剰時数を設定することは求められていないため、各学校の現状などから考えて判断するとよい。

〈教務主任に求められるもの〉

　学校行事の見直し、精選については、広く教職員から意見を聞き、管理職と相談しながら決めていく必要がある。教務主任として、広い視野をもち、行事間のつながりや、行事と地域のつながりなど、多面的に捉えていくことが求められる。

カリキュラム・マネジメントの推進

はかどるポイント

①カリキュラム・マネジメントの三つの側面を理解し、推進を図る。
②各教科等との内容の関連を図り、効率的に授業を行う。
③大切なのは、教職員の共通理解と共通実践。

　従来の「カリキュラム・マネジメント」については、教育課程の
あり方を不断に見直すという側面から重視されてきた。これからの
「カリキュラム・マネジメント」については、「社会に開かれた教育
課程」の実現を通じて子どもたちに必要な資質・能力を育成すると
いう、新しい学習指導要領の理念を踏まえて捉えていくことが必要
である。

〈カリキュラム・マネジメントの三つの側面〉

　カリキュラム・マネジメントは、「社会に開かれた教育課程」の
理念を実現し、学校教育の質の向上につなげていくことから、以下
の三つの側面から捉えることが大切である。

⑴　カリキュラム・デザイン

　各教科等の教育内容を相互の関係で捉え、学校教育目標を踏まえ
た教科等横断的な視点で整理し、その目標達成に必要な教育の内容
を組織的に配列していくこと。

⑵　PDCA サイクル

　教育内容の質の向上に向けて、子どもたちの姿や地域の現状等に
関する調査や各種データに基づき、教育課程を編成し、その実施状
況を評価し改善を図るために、計画・実施・評価・改善のサイクル
を繰り返す、PDCA サイクルを確立する。

(3) 内外リソースの活用

　教育内容と教育活動に必要な教育資源（人的、物的、情報、時間など）を地域等の外部の資源も含めて適切に活用し、地域社会と連携しながら子どもたちの成長を支える。

　この三つの側面を理解し意識して「社会に開かれた教育課程」の実現を図っていく。

〈各教科等との内容の関連を図り、効率的に授業を行う〉

　これからの時代に求められる資質・能力を育むため、教科等横断的な視点に立った学習、教科間のつながりを捉えた学習を進めることが必要である。

　教科等の内容についてカリキュラム・マネジメントを通じて相互の関連付けや横断を図り、必要な教育内容を組織的に配列することができる。子どもたちにどのような資質・能力を育むかを明確にして、効果的な学習内容や活動を組み立て各教科等における学びと関連付けていく。こうしたことを通して、効率的に授業を行い、授業時数の短縮にもつなげることができる。

〈大切なのは、教職員の共通理解と共通実践〉

　カリキュラム・マネジメントの実現に向けては、教科等の縦割りや学年を超えて学校全体で取り組んでいく必要があり、すべての教職員がその必要性を理解し、日々の授業についても教育課程全体のなかでの位置づけを意識していく必要がある。カリキュラム・マネジメントは、すべての教職員が参加することによって、学校の特色を創り上げていく営みであるため、教職員の共通理解と共通実践が重要である。

〈教務主任に求められるもの〉

　カリキュラム・マネジメントの推進にあたり、学校全体の教育活動に目を向けて調整をすることが必要である。また、内外のリソースの活用についても、アドバイスができるように、情報を集めておくことが求められる。

全体計画と年間指導計画

はかどるポイント

①○○全体計画どうしの関連性が取れているか確認する。

②全体計画を受けての年間指導計画になっているか。また、変更した場合は、その内容を残し次につなげる。

③重要なのは、すべての計画は校長の学校経営計画が基になっていること。

　○○教育の全体計画は、教育目標、校長の学校経営計画、子どもたちの実態や子どもたちを取り巻く教育環境、地域や保護者の願いなどを受けて作成されている。この全体計画を受けて、年間指導計画が作成され、各学年の指導に生かされている。

〈○○全体計画どうしの関連性が取れているか〉

　全体計画は、学校における○○教育等の基本的な方針を示すとともに、学校教育全体を通してその目標を達成するための方策等を総合的に示した教育計画である。

　作成が法令で必須となっているものは、道徳教育、総合的な学習の時間、特別活動、食に関する指導の全体計画がある。その他、学学校図書館、体育・健康に関する指導、人権教育、性に関する指導、キャリア教育などの全体計画もある。これらのものは、教育課程の補助資料として教育委員会に提出しなくてはならない場合がある。

　これらの全体計画は、学校教育目標を達成するために互いに関連しながら教育活動を行う必要がある。全体計画は、各学年の指導目標や各教科や領域との関係、位置付けを明記する必要がある。

〈全体計画を受けての年間指導計画となっているか。また、変更した場合は、その内容を残し次につなげる〉

全体計画は、基本的な方針や全体の目標、それを達成するための各学年の目標や方策などを示したもので、年間指導計画はその全体計画を受け作成されている。各学年の指導内容が具体的に示され、その時期などを具体的に示している。また、カリキュラム・マネジメントの視点から、教科横断的な学習が分かるように工夫などがされている。

実際に教員はこの年間指導計画を元に指導を行っているが、学校の状況や児童・生徒の実態などにより、年間指導計画を変更する場合がある。その変更について、なぜ変更したのか、どのように変更したのかなどを残し、次の全体計画、年間指導計画作成の際に生かしていくと、より各校の実態に合ったものになり教育効果が上がることが期待される。

〈すべての計画は校長の学校経営計画が基になる〉

言うまでもないが、すべての学校教育活動は、学校教育目標達成のために行われている。校長の学校経営計画も教育目標を実現するための計画である。そのため、〇〇全体計画、年間指導計画においても、教育目標を達成するために計画され、校長の学校経営計画が基になっていなくてはならない。

〈教務主任に求められるもの〉

全体計画においては、フォーマットのようなものを用意し、作成時に必ず記載しなくてはいけない内容などが分かるようにしておくとよい。全体計画は、各分掌の長などに作成を依頼すると思うが、作成の意図や各教科・領域などとの関連性について、説明できるようにしておく必要がある。また、全体計画も年間指導計画も、前年度のものを踏襲するのではなく、組織的に見直しを行えるように場を設定することが求められる。

教育課程と教育計画

はかどるポイント

①教育計画は、教育活動の羅針盤である、ということを意識してつくる。

②変更があったときは、迅速に伝え共通理解を図る。

③予定を共有する仕組みを構築する。

　教育課程と教育計画は、密接な関連がある。

　教育課程は、学校教育全体や各教科等における指導を通して育成をめざす資質・能力を踏まえつつ、各学校の教育目標を明確にするとともに、その編成についての基本的な方針が家庭や地域とも共有されるようにしなくてはならない。

　教育計画は、教育課程を実施するための具体的な計画であり、教育課程に基づいて策定されるものである。

〈教育計画は、教育活動の羅針盤である〉

　教育計画は、教育課程の実施に必要な教育活動のねらい、内容や方法、教育目標の達成度合いの評価方法などを明確にすることで、教育課程の実施を支援する役割を果たすものである。

　教育計画は、教育課程を実施するための具体的な計画で、教育現場での教育活動は、教育計画に沿って行われている。どのように行うか行き先を示す羅針盤のようなものである。教職員が羅針盤である教育計画を確認しながら組織的に教育活動を行うためには、綿密に練られた計画でなくてはならない。教育計画が具体性がなく、何をするかはっきり分からないものだと、行き先が見えず教育的な効果も上がらない。

〈変更があったときは、迅速に伝え共通理解を図る〉

　綿密に練った教育計画であっても、児童・生徒の実態や学校の状況、環境などにより、内容に変更が出ることはよくあることである。

　しかし、その変更点が教職員にきちんと伝わっていないと、組織的に取り組むことができなくなり、期待する教育的な効果も得られなくなってしまう。また、その変更が他の教育活動に影響を与えてしまう可能性もある。組織的に教育活動を行っていくうえでも、変更が出たときはできるだけ早く、教職員全員に変更点を伝えるとともに今後の予定についても伝えるようにして、共通理解を図っていくことが重要である。

〈予定を共有する仕組みを構築する〉

　予定を共有するために、週予定を作成し配布している教務主任も多いと思う。以前は紙ベースで配っていたものが、今ではパソコンを使って、校務支援ソフトの掲示板などで予定を伝えることもできる。

　学校には教員以外にも多くの職員が働いている。学校がチームとして同じ方向を向いて教育活動を行うには、情報の共有が欠かせない。ここで重要なのが、どんな方法にしろ全員にきちんと情報が伝わるかどうかである。

　とくにパソコンの掲示板などを使用している場合は、パソコンが割り当てられていない職員もいるので、その人たちには紙ベースで渡すなど、配慮しなくてはいけない。

　学校教育を円滑に進めるために、確実に関係教職員に予定等が伝わり共有できる仕組みを構築する必要がある。

〈教務主任に求められるもの〉

　教育計画は、日々の教育活動の基になるものである。その意味でも、変更等は確実に周知される仕組みをつくっておきたい。その仕組みについては、各校で最善の方法を選ぶとよい。また、情報が確実に伝わるように、重層的な仕組みをつくっておきたい。

学校評価

①学校経営計画の評価が学校評価である。
②学校評価と運営評価。
③学校評価における教務主任の役割を把握する。

　学校評価は、子どもたちがよりよい教育を享受できるよう、その教育活動の成果を検証し、学校運営の改善と発展をめざすための取り組みである。

〈学校経営計画の評価が学校評価である〉

　学校評価は、子どもたちがよりよい教育を受けるために、学校の教育活動等の成果を検証し、学校運営の改善と発展をめざすための取り組みである。学校評価は、学校の自己評価、学校関係者評価、第三者評価の三つの視点から行われるものである。

　学校の自己評価は学校の教職員が、学校関係者評価は保護者や地域住民など学校に関係する人々が、第三者評価は学校外の専門家が、それぞれ学校の教育活動の成果を検証し、学校運営の改善と発展をめざすものである。

　評価項目は学校経営計画に沿って学校が定めるが、教育委員会から学校評価に入れてほしい評価項目が伝えられることもある。

　学校評価の結果は、三つの視点からまとめられ、学校のホームページや学校便り等で報告される。また学校は、学校評価の結果を踏まえ、学校経営計画、教育活動等を見直し、改善と発展に向けた取り組みを行っていく。

〈学校評価と運営評価〉

　学校評価と学校運営評価は、日本の学校教育において重要な役割を果たしている。

　学校評価は、各学校が自らの教育活動や取り組みを検証し、組織的・継続的な改善を図ることを目的としている。

　一方、学校運営評価は、学校の運営全体について、専門的・客観的な立場から評価することを目的としている。学校運営評価は、学校評価の結果をフィードバックし、改善に資することが期待されている。

〈学校評価における教務主任の役割〉

　学校評価には、教職員全員がかかわることを念頭に、教務主任は、学校評価に関する計画を立て、全体を把握する。

○学校評価に関するスケジュールを立てる。実施方法を決める。組織的に取り組む体制をつくる（全体への提示、地域、保護者、子どもへの提示、外部関係者への提示時期、回収、まとめ、検討など）。

○評価項目の選定をする（学校経営計画を踏まえ、管理職と相談して決める）。

○教職員全体へ説明をする（スケジュール、実施方法、まとめ方、検討方法、検討組織）。

○保護者、地域関係者等への依頼・回収→集計、意見の仕分け。

○教職員が検討し出てきた意見、改善案等のまとめ。

○学校評価関係の職員会議で共通理解、次年度に向けて確認。

　学校評価における教務主任の役割は多岐にわたり、非常に多い。各分掌の主任に任せられる部分は任せていいと思うが、常に全体を把握する心づもりでいることが大切である。

〈教務主任に求められるもの〉

　校長の学校経営計画を理解し、評価するポイントを絞ること。学校評価においては、仕事量が多くなることも考えられるが、それらを計画的に整理し、ていねいに示していくことが肝要である。学校評価は、教務主任が頼りである。

5章

人材育成・研修には
こうあたれ

東京都新宿区立淀橋第四小学校長　久保田 恵美

人材育成の環境をつくる
——学び合う教師集団へ

はかどるポイント

①スタンダードの作成や業務整理。
②校務改善で時間の確保。
③参画のチャンスを見逃さない。

　学校現場では、児童・生徒の学力および体力の低下や規範意識・倫理観の低下、いじめや不登校問題等さまざまな課題が生じている。さらに、教職員の構成についても大量退職時代、教員採用選考倍率1.1倍（東京都の2024年度小学校教員採用選考）、今後10年間に約半数近い教職員が入れ替わると言われている。

　このような社会の急激な変化や学校現場が抱える数多くの課題のなかで、中堅教員を含めた若い世代の教職員の人材育成は喫緊の課題と言われており、こうした状況下における教務主任の役割はたいへん大きなものと考える。第5章では、教務主任として、幅広い職務を全うしながら、教務主任にしかできない人材育成のありかたについて考えていく。

〈スタンダードの作成〉

　スタンダードは、年度や学年、学級が変わっても、その学校で最低限決めておくきまりのようなものである。児童・生徒が学校生活を送るうえで戸惑うことなく安心して過ごすことができるだけでなく、教職員にとっても効率的な人材育成を進めるうえで必要なものである。教務主任として、【教務】朝会や会議等の進め方、起案の出し方、補教の流れ、評価方法、校外学習や出前授業の申請方法等、そして、【生活指導】言語環境（声の大きさ、呼名は〜さん等）水

筒や忘れ物の扱い、窓の開閉等、共有すべき事項について環境を整える。

〈校務改善で時間の確保〉

　各校務分掌の年間の業務内容やデータ等共有できるフォルダの整理をすることは、効率的に動くために必要なことである。年度中に今年度の反省を生かした来年度用の提案文書を作成する流れをつくる等、各種委員会や部会等と連携を取り、働きやすい環境づくりに努めるとよい。また、教職員同士のコミュニケーションがとれ、各々がプライベートの時間をとれる学校は、人材育成もうまくいく。そのためには時間が必要であり、時間を確保するためには校務改善が必要となる。

　ここで力を発揮できるのが教務主任である。よりよい効果を生み、より効率的に行うための提案をしたり、時には教職員からアイディアをもらったりしながら校務改善を図る。また、職員室の座席を教職員の育成を配慮した配置にするなど、環境を工夫することも人材育成には有効である。仕事の話やそれ以外でも、ざっくばらんに話をすることは教職員の育ちにつながる。

〈問い返して、自分事にさせる〉

「会議が多いと思うんです…」「学校評価の項目が多いように感じます…」と呟く教員が居た場合、すかさず問い返すとよい。「具体的に何が不要だと思いますか？」「なくすデメリットは？」「デメリットが生まれない（より効果をあげる）ための方策は？」。

　学校と社会的ニーズを考慮したうえで、最善の方法は何かを考えさせ、具体的な方策を考えるきっかけをつくる。課題を発見し、情報収集そして整理分析をし、提案をする流れを踏むことで自分事となり、組織の一員として各々が責任をもち業務を進めるようになる。

〈教務主任に求められるもの〉

　ハード面ソフト面における校務改善を積極的に図ること。また、組織として機能させるために、一人で抱え込まず、日々の業務遂行のなかで人材育成を図ることを意識することが大切である。

育成する人が最も育つ

はかどるポイント

①依存型人材育成から自立型人材育成へ。
②育成者自身が振り返る機会をつくる。
③育成者への価値付けを！

　人材育成において「もっと成長したい」「この能力を身に付けたい」というモチベーションは、資質向上に大きく影響する。モチベーションを高め、学びたいと思えるような環境が必要なのは若手教員ばかりではない。これまで経験に基づく知識・技能を指導・助言してきた先輩教職員にも必要である。各々が人材育成を通じてモチベーションを高め、自らの実践や経験を振り返り、知識・技能を更新していくのである。

　人材育成は一方的なものではなく、相互的なものである。教職員の状況を踏まえながら教えたり、教えられたりする学び合いを積み上げていくことで、人間関係の醸成にもつなげていく。

〈OJT から OJL へ（Training から Learning へ）〉

「育てる」から「育つ」へと人材育成の発想を変えるとよいと言われている。「このようにしたほうがよい」という依存型人材育成ではなく、育成される側自らが「こうしたほうがよかった」等の気付きを基に業務改善に取り組むといった自立型人材育成をめざすのである。指導すると言うよりも、成長願望をもつ教員の実践を支援し、気付きを促すというスタンスを重視する。

　実践を支援し、気付きを促すためには、実践に関する専門的知識や経験が求められるので、先輩教員も自らのキャリア発達を図る必

要があり、学びあいが生まれる。

〈育成する側の気付きを共有〉

　育成する側も、指導したことが自らの育成にもつながったという実感がもてるよう工夫する。たとえば、授業観察シートに育成者自らを振り返るコメント欄をつくったり、OJT推進委員会で、育成者自身の学びについて話す機会を設けるなども有効である。これにより、「若手教員に校外学習の主担当を任せたところ、自分が気付かなかったことまで配慮していることに驚いた」「新たなICTの活用方法を自分自身が学ぶことができた」などさまざまな感想が期待される。実感を伴う人材育成はよりよい人材育成へとつながる。

〈育成する側の評価〉

　育成された教員が輝いていた場面を育成者に伝え、自らの育成が成果として表れていることを伝達する。

　本校で、保護者との面談を控えた若手教員がいた。この教員は、育成者から学んだ保護者面談に臨むための手法（日々の子どもの様子〈よさやがんばり、課題〉を週案に書き留める。保護者に伝える内容を項目ごとにまとめ、事前に管理職に確認する）を徹底し、面談に臨んだ。面談当日、日々の具体的なわが子の言動、それに対する教員の支援、その後の変化等、明確に伝達できたことで保護者に思いが伝わり、子どものこれからをともに考えることにつながった。日々の育成が実を結んだ瞬間である。面談後、育成者自らの取り組み、そして日々の育成が価値付けられ、さらなる育成意欲につながった。

〈教務主任に求められるもの〉

　ミドルリーダー研修やOJT推進委員会等で、ミドルリーダーの人材育成に対する認識を変えていけるような働き掛けをする。また、育成者自身の学びを全体に広げ、人材育成とは互いの学びであることに気付かせたり、教職員とのかかわりのなかで、育成される側の育ちを育成者に返したりすることを自ら積極的に行うようにする。

人材育成も個別最適な学びが必要

はかどるポイント

①教職員を知る。
②ミッションを共有する。
③個別と集団を使い分ける。

　各学校における教育活動は、子どもや地域の実態等に応じた教育目標を立てて、組織的・計画的・重点的に展開されている。人材育成も同様で、各学校が教員の実態や学校を取り巻く環境等を踏まえた人材育成計画を基にして実践されていくものである。つまり、すべての学校に適用できる人材育成計画はない。「学びの個別最適化」は、学習者個々の特性、速度等に合わせた学びを提供することであるが、人材育成についても同様であると言える。教職員の実践記録に着目し、教職員一人ひとりに個別最適化された支援を行うことで、自立的に学び、成長しようとするモチベーションを高め、人材育成における個別最適な学びにつなげていく。

〈教職員を知る〉

　学校は、保育や介護、持病等、さまざまな悩みをもつ教員の集団で運営されている。教務主任は管理職ではないので、個人情報を聞き出すことがむずかしい立場だが、日常的なつながり他、さまざまな手段で実態を把握し、個々に合う形で人材育成を進めることが大事である。学年や校務分掌、諸活動等、複眼的な広い視野からの教職員理解に加えて、養護教諭やSC等からの情報収集等もよい。教務主任のきめ細かい観察力と情報収集能力が指導・助言の成果を大きく左右する。

〈ミッションの通達〉

　育成される側へ…自らの課題を認識できるように伝達することで、資質向上につながる課題克服の視点を明確にする。

　育成する側へ…対象者の課題を伝達し、育成のためのミッションを通達する。

　OJT 推進計画に則った人材育成を進めると思うが、課題は人それぞれ違う。闇雲に指導・助言をするのではなく、課題を明確にし、育成するものされるものが互いに課題を認識したうえで進めることが、よりよい効果を生む効率的な人材育成と言える。教務主任として、日常的に教員の指導力や得意・苦手分野を把握したり、時には管理職の考えを受けたりすることも必要である。

〈指摘は個別、価値付けは集団…〉

「ほめるのはみんなの前で、しかるのは個別にやるべし」という格言がある。みんなの前でしかることは罰を与えていることと同意義で、本人の心理的安全性を下げる要因になり、隠蔽の温床にもなりやすいと言われている。一方、みんなの前でほめることは心理的安定性を高め、挑戦できる風土をつくると言われている。ただし、横（同期）中心だった大学時代から、縦（上司や組織）中心の社会へ入ったばかりの若手教員は、「目立たないこと」が心理的安定性がもてている状態だったため、控えめな傾向もある。言い方や公平性に配慮することも必要である。

〈教務主任に求められるもの〉

　日々の教職員とのかかわりを大事にし、教員一人ひとりの実態を可能な限り把握し、互いの個性や多様性を認め合える安全・安心な風土を醸成することが大切である。また、配慮に欠けた言動や指導・助言はいけないということを自ら示すこと、個々の強みをたたえること、時には自らできない部分をオープンにしたり、積極的に助けを求めたりすることも大事である。

研究と修養の義務を果たす

はかどるポイント

①アンテナを高くもつ。
②自らが手本。
③プログラミング的思考をもつ。

　変化が激しい時代において、学び続ける教員像が強く求められる。
　教務主任自らが、自律的に学ぶ姿勢をもち、時代の変化や自らの
キャリアステージに応じて求められる資質・能力を生涯にわたって
高めていくことのできる力や、情報を適切に収集し、選択し、活用
する能力や知識を有機的に結び付け、構造化することが必要である。

〈アンテナを高く〉

　アンテナを高くもっている人は、視野が広く多様な視点をもって
いる。視野を広げることは、他の人よりも違った視点で考えること
ができ、問題や事象の全体像を多角的に捉えることができる。つま
り、自分のスキルや視点から付加価値を提供できる。

　文献などから得た「二次情報」だけでなく、自分で直接経験して
手に入れた「一次情報」を大事にすると、より有効な人材育成につ
ながる情報や洞察が得られる。教員の資質向上のために必要と思わ
れる提案については、管理職の意向を確認し、学ぶ機会を積極的に
つくっていく。

〈自らが動く〉

　教務主任は他の教職員の手本である。通勤時や授業時間の服装、
同僚や後輩、管理職への言動、指導・助言の際のコメント、地域・
保護者とのつながり、身の回りの整理整頓、積極的に補教に入る等、

人材育成のバイブルとなるべく姿を見せることが大切である。

　とくに補教は、模範となる姿を見せるよい機会である。自習課題ではなく授業を進め、その時間に感じた学級や子どものよさやがんばりを、できれば職員室など何人か教職員が居る前で伝えることも有効である。この教務主任の姿が、補教に入る心構えを学ぶ機会となる。

〈プログラミング的思考をもつ〉

　論理的思考は、あらゆることの因果関係を整理し、スタートからゴールまでの筋道を分かりやすく説明する力と言われている。これに対し、文部科学省よりプログラミング学習を通して習得するべき力として定義されたのがプログラミング的思考である。情報や技術をうまく活用しながら効率のよい方法を考え、結果を出していく力と言える。解決が困難な問題に立ち向かうときに役立つ、まさに教務主任にとって必要な力である。人材育成に関しても、トライ＆エラーを繰り返し、試行錯誤しながら最適なものをつくる意識を高める。

〈教務主任に求められるもの〉

　さまざまな分野に関心をもち、積極的に学び続けることが必要である。とくに、教育課題を十分に把握することは何より重要である。自校が抱えている課題を把握し、それをどのように解決したらよいのかを常に考え、学校経営方針を具現化する。プログラミング的思考をもち、有効なツールを活用できる技術を身に付け、教務主任として悩みながらも有効な手立てを考え自ら発信したり動いたりすることが大切である。

研究・研修主任との連携

はかどるポイント

①課題をもたせる、役割をもたせる。
②校内だけにとどめない。
③やはり効率化！

「研究・研修の充実」や協働的な学校運営は、今後の学校教育改革にとって重大なテーマである。教務主任が組織マネジメントを意識し、会議や研修を工夫することで教職員の人材育成を図ることが必要であると考える。

〈一人ひとりに課題・役割をもたせる〉

研究・研修会においては、自分なりの目標をもたせることが重要である。各主任が自己の課題解決に加え、自分の学校や学年をどう変えていきたいか、自校の課題を踏まえ、どのような研究や研修にする必要があるのかを積極的に打ち出すことが大事である。

また、校内委員会や研修の場で、固定した数名の教員だけが進行したり、発言したりすることがある。教員の参加意識や能力を高めるには、自分の役割や立場を意識させる工夫が必要である。教務主任として研究・研修主任に対し、研究会や研修会当日だけでなく、分科会や学年会、また、情報収集や資料作成等、あらゆる場で、個々に役割をもたせることを意識するよう促すことが大事である。若手教員だけでなく、教員の経験や能力に応じた有効な人材育成の機会となる。

管理職の思いや考えが共通理解できるように、適切に両者（研究・研修主任）との調整を図りながら企画提案ができるように助言

することも必要である。提案の際は、言われたことを言われたように まとめるのではなく、各主任自らの考えを反映させることが重要 である。自身の提案が通り、具現化されることで、組織への参画意 識および貢献意欲の向上につながる。

〈校内だけにとどめない〉

外部人材、研究の講師等、さまざまな人材を活用し、人材育成を 図る視点がもてるよう声掛けをする。校内研究のテーマにかかわる 内容、外国語教育、ICT教育、特別支援教育、また、情報モラル やSDGs等各企業を招いての出前授業等、これらは児童・生徒の 興味・関心を高めるだけでなく、教員の育成にもつながる。校外の 人材との連携は、教員にとって専門的な知見や最新の情報を手に入 れるチャンスである。教務主任として、積極的に活用できるよう各 主任に促していく。

〈なんでも集合型はやめる〉

教職員が負担に感じていることの一つが集合研修である。教務主 任として、集合研修の精選をするとともに、ICTを活用し、研修 資料の作成、感想のとりまとめや報告書の作成等の時間を削減する などの工夫も必要である。また、決められた研修以外に、＋αの学 びの機会が積極的にもてるようにするのもよい。

たとえば、液晶ディスプレイの活用や体育授業の展開等、試した り教えてもらいたいときに校内放送を入れ、参加したい人が参加で きるようにし、一人の学びを全体に広めることで学校全体の人材育 成につなげていく。

〈教務主任に求められるもの〉

研究・研修主任と連携し、各々が自分の実践の改善に結び付けら れるよう、職務上の課題との関連を明確に意識して臨ませることが 重要である。管理職との橋渡しとして、参画意欲を高められるよう 努める。また、研修・研究会の運営が効率的に進められるよう、日 程調整だけでなく、内容や運営方法等の助言をする。

教職員の得意分野を活かす

はかどるポイント

①個の強みを学校の強みに。

②つなぐ・つなげる。

③継続的な学び合いのきっかけをつくる。

　教職員の資質・能力の向上や学校組織の活性化を図るには、教員一人ひとりの個性や特性を生かすことが重要である。人材育成を進めていくうえで、自己の目標管理や校長のマネジメントも重要であるが、教務主任として力を注ぎたいのは、組織的に実践意欲の維持・発展やスキル（知識）獲得を促す支援である。

　よさを認めたり努力を後押ししようとしたりする意識の醸成（雰囲気）や、支え合い、磨き合い、高め合おうとする協働的な関係性の構築（同僚性）から得られるであろう「心理的安全」。そして、教員相互のコミュニケーションが活性化する仕組みづくり（組織体制）や教員個々が成長するための効率的で実効性のある仕組みの活用（組織運営）から得られるであろう「スキル獲得」である。

〈誰かの得意をみんなの得意に〉

　教務主任として、時数管理、保護者対応、板書計画、教室環境等、見ているなかで、課題を見付け助言することも大事だが、それ以上によさを見つけることが何より重要である。

　たとえば教育課程の適切な管理、授業時数の効率的な管理のためにできること。時数管理のために週案簿の確認をするなかで、工夫したきめ細やかな記入方法をしている教員の取り組みを紹介してもらったり、時数集計ファイルやその他事務処理を効率よく行う方法

を全体に広めてもらったりすることで、効率的な業務遂行を学校全体に広げることができる。

〈教員同士をつなぐ〉

OJTで指導力の向上を図るときに有効なのが、教員同士をつなぐことである。〇〇先生の保護者との電話対応、□□先生の板書、△△先生の校外学習の運営力、など学ばせたい視点を与え、手本となる教員を示し、つなぐ。

空き時間がなく、タイムリーに参観することがむずかしい場合は、ICTを活用して映像に残すなどの工夫をすることで、見られるときに見られるような工夫をすることも有効である。

また、体育の授業展開について悩んでいる教員と得意な教員をつなぐと同時に、その学びの機会を希望者参加型研修の機会にしたりすることで、人材育成の輪を広げることにもつながる。

〈学びのリーダーに！〉

「場を与え、仕事を任せて育てる」という意味では、各教職員の専門性を活かした人材育成は有効である。職員会議のラスト15分間をミニ研修とし、若手が講師となり個々の得意分野を活かした研修を進める。

新しいメディアやICT機器の活用に関しては、若手教員のほうが長けていることも少なくない。若手にとって自己効力感を得られ、認められる機会となるだけでなく、そこで見せられるICT活用能力やプレゼンの能力等は、中堅やベテラン教員にとってもよい刺激となり、自らの指導力向上につなげられる機会となる。継続的な学び合いも期待できる。

〈教務主任に求められるもの〉

教職員の得意分野を広げたり、つなげたりすることで、効率的に人材育成が行われるように働きかける。また、教務主任として、研修の際の学びのリーダーとして、教職員の専門性を発揮できる機会を積極的につくるようにする。

ジェネレーションギャップを活かす

はかどるポイント

①理解しようとする姿勢をもつ。
②相手に合わせて調整、ていねいに説明。
③見方を変え、質を高める。

　ジェネレーションギャップは、世代ごとの価値観や常識の違いである。多様な世代が働く職場では、生まれ育った時代や環境が違う以上、ジェネレーションギャップが生じる。したがって、組織内のコミュニケーションやチームワークを円滑にするためには、ジェネレーションギャップへの理解と適切な対応がとても大事になる。

　自分がすべて正しいと思うと、相手とのギャップは埋まらずに不満を抱えながら仕事をする可能性がある。人は各々の価値観が違うため、正しい、正しくないではなく、相手に関心をもち、相手を理解する姿勢で接してみると、ジェネレーションギャップも互いのよさを生かせる関係につながる。

〈理解しようとする姿勢をもつ〉

　組織内で権限をもっている上司側が、新しい世代の価値観を理解することである。相手の言動に対し、その理由や背景に関心をもち、理解する姿勢をみせることが大切である。教務主任としてミドルリーダーを中心に、この理解が浸透するよう働き掛ける。これにより、信頼関係が生まれ、上司側の価値観を伝えたり、コミュニケーションがとりやすくなったりする。

〈相手に合わせて調整〉

　すべての価値観や考え方を組織や上司の「常識」に合わせようと

思うと、うまくいかない。上司の「常識」の押し付けは、教職員の反発やモチベーション低下、離職につながる。教務主任として、教職員間の価値観のバランスをうまくとる必要がある。だが、大事な価値観は妥協しないことも必要である。個々の価値観を理解し、信頼関係を築き、信頼したうえで、妥協できない価値観等を共有していくことが重要である。

　たとえば、組織への帰属意識が薄い教職員へ「休みの連絡は、事前に口頭で管理職に」と伝えても理由を理解できなかったり、反発する気持ちが生まれたりすることがある。異なる価値観の指示や助言をする際には、なぜそうしなければならないのかを相手目線で論理的にていねいに説明する必要がある。本人にとってのメリット・デメリットを説明することで、納得することができ、組織にとって必要な価値観として理解し、実践するようになる。

〈価値観の違いが質の幅を広げる〉

　価値観や常識の違いをよくないものと捉えない。「なるほど」という思いをもつと、物事が柔軟に捉えられる。「伝統だから」と変えずにいた教育活動をよりよい効果が期待される効率的な形に更新することができることもある。

　分かりやすいのはコロナ禍における学校運営である。誰もが経験したことのない窮地に立たされた。そのときに助けられたのが、多様な「アイディア」であった。ジェネレーションギャップは多様性の一つであり、アイディアを発想するには既存の要素の多様性が欠かせないのである。ジェネレーションギャップを活かすことは、困難な課題を乗り越えるうえでの大事な一助となる。

〈教務主任に求められるもの〉

　ジェネレーションギャップを広い視野でものごとを捉えるうえでのプラスと捉え、教育活動を進める際に価値観の違う教職員が十分理解できるようていねいに進めることが大切である。若手教員の考えも積極的に取り入れ、よりよい学校運営の推進につなげることが大事である。

育成計画の作成と評価

はかどるポイント

①効率的・効果的な育成計画の作成。
②自己評価・計画の見直し。
③他者評価。

　学校におけるOJTの場面や方法を考えると「学ばせる」「経験させる」「学び合う場を提供する」ことがキーワードとしてあげられる。研修期間がない教員が業務を遂行しながら成長するには、実態に合わせた効率的なOJT推進計画が重要となる。

〈効率的・効果的な育成計画の作成〉

　教務主任はカリキュラム・マネジメントする立場である。まずは、自校における人材育成の方法や目的を明確にし、OJT推進委員長とともに年間計画を立てる。育成者の評価指標を設定し、「何をどのようにがんばって（取り組み指標）、いつまでに、どの程度まで高めるのか（成果指標）」を全体で共有することが重要である。

　計画を立てる際には、内容、時期を考慮し、位置づける。OJT推進委員会を学期に1回程度実施。評価指標に沿う形で達成状況を確認する。また、人材育成を十分考慮した時間割の作成も重要である。人材育成のために、放課後新たな時間を確保することは困難である。育成される側と育成する側の空き時間を合わせるよう工夫することで、授業の進め方や児童・生徒、保護者への対応、評価について等、タイムリーな課題解決につながる育成の時間をもつことができる。

〈自己評価・育成計画の見直し〉

　育成のプロセスで欠かせない自己評価。実践（経験）→内省→概念化→新たな実践と、つなげる。授業（チェック）シートなどを示し、課題の指摘ばかりにならないような配慮をしながら成果と課題を明らかにし、次の実践へとつなげていけるようにする。達成状況によっては、指標の見直しをする必要もある。また、育成者が抱く不安や取り組みを進めるうえでの困難さに対して相談したり助言をしたりするなどのかかわりがもてるよう、評価指標の進捗状況の確認ができる時間を設定する。本人および評価者が評価期間中の達成状況やプロセスを評価するしくみを構築していくことが必要である。

〈他者評価〉

　価値づけられることは個々のモチベーションや自信につながる。学校ホームページ等を活用し、教職員のがんばりを積極的に発信するなども効果的である。

○教職員：参観者による気付きを入力できるシステムにし、効率よく多くの価値付けや具体的な改善策を学ぶことができるようにする。

○保護者・地域：学校公開での授業参観。他者評価を受ける絶好の機会でもある。事前にポイントを伝えたり、外国語や特別の教科道徳、プログラミング教育等、保護者自身が子どものときに経験していない教育活動を見せるのも有効である。

○児童・生徒：児童・生徒の前で、若手教員を「一人前」に扱うことが大事である。町探検や保護者会、保護者や地域の方が参加している場であるとさらに有効である。事前の打ち合わせを綿密に行い、若手が不安なく当日を迎えられるようにする。

〈教務主任に求められるもの〉

　実態に合わせた育成計画の作成はもちろん大事だが、育成する側される側双方が充実感や達成感を味わうことができるよう、教務主任として働きかけることが大切である。互いのよさやがんばりに目を向け褒め合う環境づくりを教務主任として率先して行う。

5章 人材育成・研修にはこうあたれ

研修内容を決定する
──学校と社会的ニーズ

はかどるポイント

①研修内容の精選。
②活用できるものは活用する。
③ニーズをつかむ。

　現在学校現場では、学力および体力の低下や規範意識・倫理観の低下、いじめや不登校問題等さまざまな課題が生じている。さらに、教職員の構成についても大量退職時代を迎え、今後10年間に約半数近い教職員が入れ替わると言われている。このような社会の急激な変化や学校現場が抱える数多くの課題のなかで、中堅教員を含めた若い世代の教職員を育てていくことは喫緊の課題と言われており、こうした状況下における教務主任の役割はたいへん大きなものと考える。

〈教員が身に付けるべき力の習得〉

　東京都教育委員会では、教員が身に付けるべき力として「学習指導力」「生活指導力・進路指導力」「外部との連携・折衝力」「学校運営力・組織貢献力」の四つを示している。

　教職員の資質・能力は、経験年数を積むにつれ、求められる水準が高くなるとともに外国語教育の教科化やプログラミング教育の実施など、時代や社会の変化によって未来を切り拓いていく子どもに適した資質・能力も加わってくる。教職員が求められていることは無限にある。しかし、現実的に今日の学校現場においては会議や研修に配当できる時間は限られている。教職員の実践力の育成につながるよう研修内容を精選したり、方法を工夫したりすることが求め

られる。

〈組織マネジメント・○○だけ構造からの脱却〉

　組織マネジメントとは、学校が児童・生徒をはじめ保護者や地域の教育的ニーズを読み取り、教育活動を展開するための手法である。組織マネジメントを意識するとは、教育活動が効率的かつ効果的に展開するよう、学校が有している能力や資源を活用することや教育内容や方法をいかに調整していくかということである。

「教職員だけ」による学校経営から、保護者や地域住民と連携・協働した「チーム学校」へ変化させる。専門家や企業を活用することも有効である。子どもたちが多様な学びを行っていくためには、教員だけの力ではなく、さまざまな専門的かつ多様な主体と連携し、彩り豊かな特色のある教育課程の遂行が求められる。教員でなくともできる業務（資料作成等）については、サポートするための支援員やボランティアなど活用していくことも大事である。

〈ニーズをつかむ〉

　家庭訪問や地域訪問、個人面談、1年入学前の保護者との面談や学校評価はニーズをつかむチャンスである。つかんだニーズを①誰のニーズか（個人か集団か）、②判断の主体は誰なのか（社会、専門家、保護者、本人）、③判断の基準は何か（個人的価値判断か社会的価値判断か）、④どの領域に関するものか（規定要因か学習内容・方法か、支援・指導か、教具・教材か）を明確にし、教務主任として具現化することが必要となる。

〈教務主任に求められるもの〉

　会議等の効率化以外に、人材育成の一環として、企業やNPO、地域資源の活用を積極的に図り、それを広く発信する（ニーズに合わせた教育活動や研修を実施していることを伝える）ことも大事である。また、学校運営を進めるうえで重要となる保護者、地域、社会的ニーズの把握については、自己研鑽とともに学校行事等さまざまな機会を利用し、学校全体で共有できるシステムをつくるとよい。

教職員の協働的な学びを実現する

はかどるポイント

①風土づくり。
②皆が育成者。
③よい循環をつくる。

　教職員の協働的な学びを実現するためには、日常的な教職員間の
コミュニケーションが欠かせない。同じ学年や島、他学年専科間で
も、仕事の話がざっくばらんにできる環境をつくるのも重要である。
正面に座っている教員と何気ない会話ができるように机上を整理し
たり、職員室休憩スペースをつくり、ちょっとした話ができたりす
るような環境づくりを意識する。

〈風土（雰囲気）をつくる〉

　組織的かつ効率的に人材育成を進めるためには、教職員同士が支
えあい学びあう同僚性が基盤となる。多職種で組織されている学校
がチームとして実効的に機能するためには、職場の組織風土（雰囲
気）が重要である。

　一人抱え込み型人材育成から、多職種による連携・協働型人材育
成へと転換していくために、教務主任が率先して職場の人間関係の
あり方を考える必要がある。①一人で抱え込まない、②問題を全体
に投げかける、③管理職を中心にミドルリーダーが機能するネット
ワークをつくる、④同僚間での継続的な振り返り（リフレクショ
ン）を大切にする、これらのことを意識できるとよい。

〈皆が育成者〉

　教務主任として、教職員皆が育成者であるという意識を高めるた

めの投げかけやつなぐ役目をすることも必要である。協働して取り組む教育活動や業務を仕組むのである。

　たとえば校務分掌では、先輩教員とともに行う業務のなかで、協議や指導、振り返りを頻繁に行うことで、専門的なスキル獲得を促すことにつながる。また、宿泊行事引率の際は、先輩教員の仕事の状況把握や指示、気遣い等、経験しなければ分からないリーダーシップの取り方を実践を通して学ぶことができる。

　心理的安全性の確保のために、同世代の若手教員同士をつなぐことも有効である。これまでの経験から何に困っているのかある程度想像ができ、具体的なアドバイスやメンタル面での支援を得られる。育児や介護についても同様で、同じ苦労や経験をしているからこそ理解できることや働き方の工夫などもアドバイスできることがある。

〈よさやがんばりを見る〉

　常に課題を指摘したり、自分の経験や価値観だけでものを言うミドルリーダーに若手はついてこない。学びたいとも思わない。課題を指摘することばかりしている教員からは人が離れていき、悪循環が生まれる。よさやがんばりを見付けほめることを最優先にしている教員の周りには人が集まり、よい循環が生まれる。

　教務主任として、学びを具現化したり、積極的に相談したりしている若手を価値付けることが大事である。時には、主で回す立場を任せ、児童・生徒や保護者、地域からもよさやがんばりを価値付けられる機会を意図的に与えられるように仕掛けてもよい。

〈教務主任に求められるもの〉

　教職員の心理的安全性を確保するために、課題解決につながるであろう人と人をつないだり、よさやがんばりを見付け伝え合う風土をつくったり、意図的に価値付けられる機会を与えたりする。

6章

学校行事は
こう仕切れ

東京都江東区立東雲小学校校長　望月 潔

内容の精選──精選の視点

はかどるポイント

①行事は学校生活に変化を与えてくれる。安易な削減は避ける。
②適切な時数を明確に示すなど、行事の計画段階からサポートする。
③行事の精選は、コストパフォーマンスで判断。

　2020年3月から始まった新型コロナウイルスの感染拡大により、学校生活のなかで最も影響を受けたのが、学校行事であったと言っても過言ではない。その後コロナの5類移行に伴い、運動会や音楽会などの大きな行事が3年ぶりに復活してきたことは喜ばしいことではあるが、本書1章にもあるように、学校行事を見直す時期に来ているのも事実である。

〈学校行事の効果〉

　今年、復活した行事を見た地域の方々や保護者からは、「学校が元に戻ってよかったですね」「子どもたちが元気になりましたね」と好意的な感想が多数寄せられている。

　学校行事とは、学校生活に活気と潤いを与えるだけでなく、対外的にも学校の特徴やよいところをアピールできる、多方面において効果的な教育活動である。多くの行事が子どもたちの成長にも好影響を及ぼしていることも言うまでもない。

〈学校行事のマイナス面〉

　しかし学校行事にはマイナス面もある。その最たるものが、練習や準備に膨大な時間がかかり、他教科の時数に影響が出てしまうというもの。行事直前は時間割の変更が多くなるため、学校全体が落ち着かなくなる…ということも昔からよく言われてきた。さらには、

教員の多忙さも大きなマイナスである。

　これらのデメリットをなるべく減らし、メリットを際立たせていくように行事の内容、あるいは行事そのものを精選し、仕切っていくことも教務主任の手腕である。

〈コストパフォーマンスで行事を見直す〉

　まずは、自校の年間計画を立てた後、一つひとつの行事を次の三つのコストパフォーマンスの視点で振り分けてみる。

　　A　準備に時間はかかるが効果も大きい行事（コスパ並）。

　　B　準備に時間はかかるが効果は小さい行事（コスパ悪）。

　　C　準備に時間はかからず、効果は大きい行事（コスパ高）。

　この場合の「効果」とは、“子どもたちにとって”の効果である。

　Aタイプの代表は、運動会や音楽会である。効果の大きさは誰もが認めるところだが、時間もかかる。これらの行事のコスパを高くするには、いかに無理なく効率的な計画を立てられるかにかかっている。

　担当者だけに任せるのではなく、最初の計画段階で教務主任がサポートに入り、使える時数を明確に示し、そのなかで実施可能かどうかともに検討していくことが重要である。

　Bタイプのコスパが悪い行事がある場合には、ただちに見直しを検討すべきである。中止せずとも形を変えてCのタイプをめざしていくのもよい。

〈教務主任に求められるもの〉

　これからの学校行事は、Cタイプ、すなわち練習や準備に膨大な時間を取られることなく、子どもたちにとって大きな効果のある、コストパフォーマンスの高いものだけにしていきたい。ICTの活用、専門業者やゲストティーチャーとの連携、そして何より教員側の意識改革によってそれは可能である。教務主任には、その牽引役となってもらいたい。

内容の精選と
カリキュラム・マネジメント

はかどるポイント

①教科だけでなく行事も含めてカリキュラム・マネジメントを推進する。

②行事を"行事"として孤立させない。関連する教科や活動、適切な時数を明確に示すことが重要。

③外部人材や資源も積極的に活用すべし。

　カリキュラム・マネジメントとは、社会に開かれた教育課程の理念の実現に向けて、学校教育にかかわるさまざまな取り組みを、教育課程の中心に据えながら、組織的かつ計画的に実施し教育活動の質の向上につなげていくことである。カリキュラム・マネジメントは、教科だけに留まらず、学校行事も含めて実施していくことで、教育の質は向上し、子どもたちの成長にもつながっていく。

〈カリキュラム・マネジメントの視点で行事を創る〉

　カリキュラム・マネジメントの視点で行事を精選し再構築していくためには、年間の行事全体をトータルでデザインしていくことが重要である。言い換えれば、教員一人ひとりが、年間を俯瞰して、一つひとつの行事をつなぎながら、そして各教科との関連を図りながら、めざす資質・能力の育成を図っていくことである。簡単に言えば、統合する、教科の学習に組み込む、2学年合同で実施する等により、さらに教育的効果が上がる行事はないか、検討するということだ。

　行事を"行事"として孤立させてはならない。教育活動の一環である以上、めあてが必ずあり、そこで身に着けさせたい力、伸ば

したい力、発揮させたい力が必ずあるはずであり、何らかの教科や他の活動と関連しているはずである。教務主任には、このような視点をもって行事を見つめなおしてほしい。

〈時数や教科を明確に示す〉

　学校全体での行事があると、先生方が「何の教科で何時間取るのですか」と教務主任に尋ねることがある。かく言う私も、教務主任時代には時折聞かれたことがあるが、これはやはり何らかの形で（年間行事予定表や月行事予定表など）、実施前に分かりやすく示しておくべきであろう。

　また、時数だけでなく教科との関連も重要である。運動会での体育や音楽会での音楽は言うまでもないが、学習発表会や学芸会など発表場面がある行事では、総合的な学習の時間との関連が重要になってくる。本校で行っている「思いやりの心発表集会」のような道徳に関連した行事もある。学校独自の行事の場合でも、教科との関連性はしっかり把握しておくとよい。

〈教務主任に求められるもの〉

　教務主任として、各学年の学習内容と学校行事との関連を把握することはたいへんではあるが、これこそが教務主任の本務である。ただ単に学校行事を年間予定のなかに組み込んでいく事務的な作業で終わることなく、教科と行事の関連性やその内容等をアドバイスできる教務主任であれば、多くの先生方から頼りにされることであろう。

　また、行事に必要な人材や資源を外部に求め、その調整を行うことも教務主任の重要な仕事である。これもカリキュラム・マネジメントの一環である。

　現在の学習指導要領は、知能や技能にとどまらず思考力・判断力・表現力の育成をめざしており、授業のみならず行事の質も転換していく必要がある。このことをしっかりと理解し、先生方にも情報発信できる教務主任をめざしてほしい。

準備時間、練習時間の短縮
——詳細な計画

はかどるポイント

①行事に使う時数は明確に、これからの行事はその時数内で完成できるものをめざすべし。

②行事も量より質の時代。教師の意識改革も必要。

　本章冒頭の「内容の精選——精選の視点」で、学校行事を三つのタイプに分けたが、これからの時代に残すべきは、準備や練習に必要以上に時間を取られず、教育的効果が大きいＣタイプの学校行事である。

　しかしＡ（時間がかかるが効果も大きい）やＢ（時間がかかるが効果は小さい）のタイプの行事も、工夫次第でＣのタイプに近づくことが可能である。というより、変化の激しい時代に持続可能な学校運営をめざすには、学校行事は、できるだけＣタイプにしていく必要がある。

〈コストパフォーマンスの高い行事にするために〉

　運動会、音楽会といった全校で取り組む行事は、教育的効果は間違いなく大きいのだが、練習や準備に時間を要し、デメリットも少なくない。最近急増している集団生活に苦戦しがちな児童・生徒は、この時間を最も苦手にしている。

　これらの行事の準備期間をできるだけ短くするには、計画段階にかかっている。担当者にすべてを任せることなく、各行事で使うべき時数をしっかりと算出し、担当者に示してサポートすることが大切である。

　大きな行事の場合、学校のなかには「その時数では足りない、よ

148

いものを完成させるにはもっと時数が必要だ」と考える教員もいる
だろうが、この主張は古い。これからは、配当された時数のなかで
完成させることが重要である。かつてのように、湯水のように行事
に時数を割ける時代ではないのである。学校行事も量より質の時代
となったのだ。この点を発信するのもこれからの教務主任の大切な
仕事である。

〈行事の中身も精選する〉

　そのためには、これらの大きな行事の中身も変えていかなければ
ならない。たとえば運動会であれば、かつてのように余剰時数や熱
中症対策の観点から、団体、表現、個人、全校、そしてリレーとい
くつもの種目を設定することはもうむずかしくなってきている。定
められた時数のなかで完成できる種目は何が最適か、学校や児童・
生徒の実態に合わせて絞り込む必要がある。そして、児童・生徒に
もその種目のなかでしっかりと目当てをもって取り組ませる。

　ただし、このように大きな行事の変革には、地域や保護者への説
明が必要になってくる。これについては後述の「保護者や地域への
説明」で触れる。

〈教務主任に求められるもの〉

　時間がかかるわりに効果が小さい学校行事は、ただちに見直すべ
きである。このタイプの学校行事はコロナ禍で淘汰されたが、それ
でも毎年やっているからという理由だけで残っている前例踏襲型の
行事があるかもしれない。学校や地域のことを一番把握している教
務主任が、各行事の必要性について管理職に進言することは非常に
大切である。

　たとえば本校では、6月に実施していた全校の「思いやり作文」
への取り組みを「思いやり川柳」に変更した。これだけで、児童・
教員への負担が一気に減り、教育的効果は逆に上がった。こういっ
た工夫も、教務主任の腕の見せどころである。

学校行事の目標の実現
——基本に返る

はかどるポイント

①学校行事の基本は大きな集団で行うことだが、ICT を活用してコンパクトに開催してもよい。
②端末を活用して、新しいスタイルの学校行事にも挑戦すべし。
③空間の共有か、情報の共有かで使い分ける。

　学習指導要領では学校行事の目標を「学校行事を通して、望ましい人間関係を形成し、集団への所属感や連帯感を深め、公共の精神を養い、協力してよりよい学校生活を築こうとする自主的・実践的な態度を育てる」と定義している。
　その最初に"望ましい人間関係"とあるように、学校行事の基本は、学年・学校などの大きな集団で子どもたちが協力して活動することにある。
〈コロナ禍で明らかになったこと〉
　令和2・3年度は、新型コロナウイルスの感染拡大により、学校は大きな影響を受けた。とりわけ制限がかかったのが学校行事であった。子どもたちがかかわりあえず交流しあえないなかでは、行事の実施は不可能だった。そのような状況下でも、「できないから実施しない」ではなく「どうしたら実施できるか」の視点で考え、ICT 端末の活用や時間短縮などの工夫により、新しいスタイルの学校行事に挑戦した学校も数多くあった。
　そして徐々に制限が緩和されると、学校行事は続々と復活し、子どもたちはもちろん、保護者や地域の方々からも大いに歓迎された。その光景は学校に日常が戻ってきたことを示す象徴とも言えた。や

はり行事は、学習指導要領に記されているからというだけでなく、学校生活に欠かせないものなのである。

〈ICT と学校行事〉

　GIGA スクール構想がスタートし、子どもたちの手に端末が配布されてまもなく丸 3 年となる。その間、AI の進歩は目覚ましく、知識を与えるだけなら教師よりも優れていると言ってよいだろう。その力を借りて授業をする日は間近である。学校行事もいずれ AI のアドバイスのもと、子どもたちどうしが協力して実施する時代が来るかもしれない。

　今はまださすがに AI に任せることはできないが、ICT を効果的に活用することは、これからの学校行事において必須である。

　前述したように大きな集団で協力して活動するのが学校行事ではあるが、行事の度に皆で集まる必要はない。ICT の活用で十分な場合もある。たとえばゲストの話を聞くだけならば、オンラインのほうが有効だし、資料も共有できる。

　本校では、長期休み前の集会は各教室を繋いだオンラインで実施している。注意事項や連絡事項など、共有したい "情報" が多いからである。その一方で、同じ集会でも、"空間" を共有したほうがよい集会（1 年生を迎える会、6 年生を送る会など）は、必ず全校で集まるようにしている。リアルとバーチャルの使い分け、とも言える。

〈教務主任に求められるもの〉

　教務主任には、学校行事の基本（大きな集団で協力して活動し、連帯感を強める）を常に忘れず、年間の行事予定を見つめなおしてほしい。そして、「内容の精選——精選の視点」でふれたようなコストパフォーマンスの視点に加え、ICT の活用も視野に入れて、リアルとバーチャルの使い分けを先生方に示唆できるとさらによい。

学校行事、五つの内容

はかどるポイント

①儀式的行事は教務主任のメインイベント。
②計画は早めに提案して見通しをもたせる。
③厳粛な空気は司会しだい。

　学習指導要領では、学校行事を、(1)儀式的行事、(2)文化的行事、(3)健康安全・体育的行事、(4)遠足・集団宿泊的行事、(5)勤労生産・奉仕的行事の五つに分類している。(2)～(5)の行事の企画立案はそれぞれの分掌主任が行うことがほとんどだが、(1)の儀式的行事は教務主任自らが計画し、準備をする場合が多い。学校によっては司会進行を行うこともある。

〈儀式的行事とは〉

　儀式的行事とは、学校生活に意義ある変化や節目をつけ、厳粛な雰囲気のなかで新しい生活の始まりにつながるような活動をすることであり、入学式、卒業式、始業式、修了式などがその代表である。学校のなかのしきたりと言ってよいものだが、気持ちを切り替えたり、これまでの日々を振り返ったり、新しい目標を見つけたりするために、子どもたちにとって大切な行事である。教務主任はその計画段階から中心となって携わっていくことは言うまでもない。

〈計画は早めに提案する〉

　儀式的行事は、毎年の内容が大きく変わることはない。とは言え、教員が見通しをもてるように早めに役割分担やタイムテーブルを作成し、周知しておくことが重要である。とくに、児童・生徒代表の言葉など子どもの活動がある場合には、学級での準備や会場でのリ

ハーサルも必要となる。

　また、保護者が臨席する行事については、案内文書の作成と配布も忘れないようにしたい。

〈会場を厳粛な空間にする〉

　儀式的行事の最大の特徴は、その厳粛な雰囲気である。卒業式や入学式は当然だが、始業式や終業式も厳粛に行いたい。そしてこの雰囲気をつくりあげられるかどうかは、日頃の学級指導や事前指導はもちろんだが、司会者（教務主任）の司会進行の技量にかかっている。

　まずは穏やかに、聞き取りやすいトーンで発声し、子どもたちの気持ちを落ち着かせること。くれぐれも早口にならないように。「起立、気をつけ、礼」などの号令も、間を取りながらゆっくりと。名司会の教師がマイクを持つと、ひと言発するだけで子どもたちがすーっと静かになることがある。ぜひ、司会の上手な教務主任をめざしてほしい。

〈教務主任に求められること〉

　儀式的行事は、式そのものだけでなく、各教室での事前事後の指導も重要である。始業式や終業式では、学校長の話を聞くだけでなく、式を通して子どもたちが自分の生活を振り返り、新たな目標をもつ場とするべきである。

　そのためには、事前には態度面の指導だけでなく自らの生活を振り返る時間を設けておく。事後には、式を通してどんなことを考えたか確認する。先生方にはこのようなことを呼びかけていくことも、教務主任の仕事である。

「内容の精選とカリキュラム・マネジメント」でも述べたが、行事を行事として孤立させてはならないのである。儀式的行事を上手く仕切ってこそ、一流の教務主任である。

学校行事は学校の顔

①行事は学校の顔である。

②行事には学校を元気にする力もある。

③学校行事に積極的にかかわるよう、サポートするのも教務主任の
役目。

　既述のように学校行事は学年や全校などのより大きな集団を単位
とする活動である。そのあり方を見直すべきときには来ているが、
学校生活の充実と発展のためには欠かせない体験活動でもある。校
庭や体育館で、子どもたちの大きな声が響き渡り、どの子も楽しそ
うに活動している、そんな行事を行っている学校は、間違いなくよ
い学校である。

〈行事は学校の顔〉

　学校行事のなかでも、運動会、学芸会、音楽会、修学旅行などは、
子どもたちが意欲的に活動するよい実践が昔から多く行われてきた。
それは、子ども一人ひとりが、集団のなかでの役割分担や責任ある
行動など集団の一員としての責務を果たすことが求められ、結果と
して授業だけでは感じることのできない充実感ややりがいを得るこ
とができるからに他ならない。

　同時にこれらの行事には、日頃の学級経営をはじめ、学校経営・
学年経営の蓄積が明確に表れる。すなわち、校長はじめ教職員の指
導体制やチームワークが試されるものであり、学校行事は学校の顔
と言ってよいのである。

〈行事は学校を元気にする〉

　学校行事でのさまざまな体験活動において、子どもたちは自らの五感を総動員して対象となる"人"や"事象"や"自然"とぶつかり、交流しながら、授業とは違う何かを実感したり、学習したりする。時には大いに心を揺さぶられたり、達成感を味わったりすることもあるだろう。

　このような体験活動の推進は、子どもの心を活性化させ、自己肯定感や自己有用感を確かなものにし、社会性を育むことにつながる。社会性豊かな子が多ければ、活気があって明るい学校となる。すなわち、行事には、学校を元気にする力があるのである。

〈教務主任に求められるもの〉

　学校行事を活性化するためには、管理職のリーダーシップはもちろんだが、教務主任の役割も重要である。

　まずは、全教職員がスタッフとして行事に参画できるようになっているか、児童・生徒の実態や発達段階に即した内容であるか等、企画立案の段階で確認しておく。そして準備や練習の段階では、各教員がその立場や役割を踏まえつつ、子どもたちへの指導や援助に積極的にかかわるよう、声かけをしていく。「学級王国」という言葉は死語になりつつあるが、それでもまだ、自分の学級のことばかりを優先する教員は少なからず存在する。また、行事に積極的にかかわる余裕がない若手教員も多い。そういった教員に対し、学校行事を盛り上げていくことが、よい学級経営・学年経営にもつながるという意識をもつよう、伝えていくことも教務主任の役割である。

　繰り返しになるが、そのあり方を見直すべきときには来ているが、けっして行事をすべてなくすときではない。

子どもたちの取り組み姿勢と
任せる部分

はかどるポイント

①目標と見通しをもたせてわくわく感のある行事をデザインする。
②教師主導の行事になっていないか、計画の段階でしっかりチェックすべし。
③行事ごとの実行委員会制も有効。

　学校行事は、子どもたちの自主性や実践的な態度を育てる大切な場である。限られた時間のなかで大勢を動かさなければならないとはいえ、義務感とやらされ感ばかりの計画・内容になってはならない。
「行事はみんなでつくるもの」という意識を子どもたちに、そして先生方にもしっかりともたせることが大切である。

〈学校行事に対する目標と見通しをもたせる〉

　行事の実施にあたっては、学年や学級で目標をもたせることから始める。担任は、その行事を通してどんな力を身に付けて、どんなふうになってほしいのか（仲間と協力したい、さらによい学級にしたい、自分自身を成長させたい…）をオリエンテーションなどを通して伝え、意欲を高めていく。

　見通しをもたせることも大切である。行事の日時や活動内容はもちろんだが、練習や準備の時間などを掲示するのもよい。その行事の前年度の様子を写真や動画で見せる視覚的な支援も有効である。

　大きな行事の前になると、職員室には当日までの練習予定や練習場所の割り当てなどを記した表が拡大されて貼り出される。前年度の映像を確認する教員も多いだろう。同じことを、子どもたちにも

してあげればよいのである。

〈子どもに任せるところは任せる〉

　高学年であれば、実行委員を決めて臨むのも有効である。実行委員を経験することで、学校行事ひいては学校生活全体への参加意識が高まる。また、司会やアナウンスなど、子どもができることは、必ず子どもにやらせたい。

　高学年に限らず、「子どもに任せてもいい部分はどこか」という視点で学校行事の計画を見直すことも大切である。企画、運営、司会などを子どもたちに任せることで、子どもたちの意欲は一気に高まる。一部の儀式的行事を除いて、どのような行事でも子どもに任せてよい部分は必ずあるはずである。

　ただし、子どもに任せる以上は、教員側もしっかりとした計画をつくり、年間で見通しをもって準備していく必要があることは当然である。任せるとは、丸投げするという意味ではない。

　行事の際、教師の号令ばかりが聞こえてくる学校と、子どもたちの生き生きとした声が響き渡る学校、どちらがよい学校であるかは言うまでもない。

〈教務主任に求められるもの〉

　多くの学校行事においては、担当の主任や委員長となった教員が、企画・立案を行う。その内容は、管理職の前にミドルリーダーである教務主任が目を通すことになるだろう。

　その際、時数や関連する教科の内容について確認することはもちろんだが、教師が主導するだけの内容になっていないか、子どもたちのわくわく感がある行事になっているか、しっかりと見る目をもっていてほしい。また、次年度の教育計画を作成する際にも、同様の視点で各行事の必要性を考えていく必要がある。

保護者や地域への説明

はかどるポイント

①学校行事は学校と保護者・地域とが連携・協働するチャンスと捉える。
②行事を見直す時期に来ていることは、積極的に発信する。

　前述したように、学校行事は学校の顔であり、保護者や地域の方々からさまざまな期待もされている。それは学校行事が、日頃の教育成果が表れる場であるからに他ならない。一方で、標準授業時数の見直しや働き方改革の推進に伴い、学校行事のあり方が問われている。保護者や地域にはこのことも伝えていく必要がある。

〈保護者・地域が参加する意義〉

　子どもの「生きる力」は、さまざまな人々とかかわり、多様な経験を重ねていくことで育まれていくものであり、学校のみでの育成はむずかしい。また、変化の激しい社会のなかで学校に対するニーズも複雑かつ多様化している。

　学習指導要領の総則においても「学校がその目的を達成するため、学校や地域の実態等に応じ、教育活動の実施に必要な人的又は物的な体制を家庭や地域の人々の協力を得ながら整えるなど、家庭や地域社会との連携及び協働を深める」と定められている。

　そこで、学校行事の出番である。学校行事においては、日常の授業よりも地域や保護者の協力を得られやすい。準備や受付のボランティアといった参加しやすいものから、道具の作成や運搬、あるいはゲストティーチャーなどの地域資源の活用まで、幅広く協力を得られ、地域と学校とが連携・協働する絶好のチャンスとなる。

もちろん、行事そのものを見てもらうことも有効である。体育的行事や文化的行事であれば、多くの人々に見てもらうことで子どもたちのモチベーションは上がり、よりよいものを見せようという意欲が高まる。儀式的行事も、多くのお客様の前で厳粛に礼儀正しく参加させることは、子どもたちの精神的な成長につながるだろう。

〈新たな学校行事のあり方を見せていく〉

　コロナ禍で学校行事が厳しく制限されたとき、多くの保護者から「運動会が早く復活してほしい」「〇〇会は見に行けないのか」といった質問がたくさん寄せられた。感染症が落ち着き、工夫しながら行事を再開させると、「昔のように団体競技をやってほしい」「リレーを見たい」という要望が多く聞かれた。やはり学校行事に対する期待は大きいのである。これまで見てきた行事のイメージが大きいということもあるだろう。

　しかし、学校行事の意義を考え直す時期に来ているのも確かである。地域の期待があるから、保護者の要望だから、ということを理由にし、前例を踏襲するだけの行事運営は避けるべきである。

　これまでも述べられているが、持続可能な学校運営のためには、標準時数や教育課程の見直し、そして働き方改革の推進は急務である。その行事の教育的効果をしっかりと見極め、コストパフォーマンスの悪い行事は思い切って削減する、あるいは内容を見直す勇気をもちたい。

〈教務主任に求められること〉

　これらのことについて保護者や地域の理解を得るには、学校からの積極的な発信が欠かせない。学校の思いを伝える場をフル活用して改革の必要性を訴えていく。学校だよりや保護者会、学校評議員会などでの説明に加え、ホームページの活用も進めたい。

ウーダループで学校行事を
評価・改善する

はかどるポイント

① 学校行事の評価・改善はスピード感をもって行う。
② PDCA サイクルより OODA（ウーダ）ループを活用。
③ 教育界の動きに敏感であること、他校の情報を掴んでいること。

　これまでの教育活動の評価といえば、PDCA サイクルが学校現場に浸透している。行事の場合は、終了後に教員や保護者からアンケートを取り、評価をまとめ、各担当が次年度に向けて改善案を提案するのが一般的だが、実際に A（実行・改善）を行うのは翌年の教員たちである。この 2 年間にまたがる改善は、スピード感に欠ける。その間に、子どもたちの実態、教員の構成など学校を取り巻く状況は変化してしまうことも多いからである。
　変化の激しい時代の教育に対応していくには、PDCA サイクルより OODA ループによる評価・改善が適しているように思われる。
〈OODA ループとは〉
　OODA ループとは、次のような流れで行われる。

　Observe（観察）：観察することによって現状を認識する。
　Orient（状況判断、方向づけ）：観察を元に状況を判断する。
　Decide（意思決定）：具体的な方策や手段に関する意思決定を行う。
　Action（実行）：意思決定したことを行動に移す。

　このループのメリットは、改善のスパンが早く、その様子が目に見えるということだ。また実際には、観察して得た情報を分析して

判断するため、Observe（観察）とOrient（状況判断、方向づけ）は同時に行われることも多い。

〈学校行事をOODAループで評価・改善する〉

学校行事の評価・改善をOODAループに当てはめると、以下のようになる。

(1) Observe（観察）& Orient（状況判断、方向づけ）

各行事における子どもたちの様子やその後の姿、保護者の反響などをていねいに観察し、把握する。観察を元に、行事の成果と課題を浮き彫りにしていく。PDCAのCとは違い、行事が終わった後や年度末ではなく、行事を進行しながら観察し判断することが重要である。

(2) Decide（意思決定）

明らかになった課題について、ただちに全体で共有し、次年度もしくは年度内の次の行事に向けて具体的な方策を示す。行事の廃止や新たな行事の企画などもこの段階で行う。

(3) Act（実行）

具体的な方策に基づき、実行に移す。年度を待たず年度内の行事に反映できる方策があればただちに反映させる。または、その行事での改善が間に合うようであれば、即座に改善してもよい。

〈教務主任に求められること〉

学校行事におけるOODAループの推進には、教務主任のアセスメント、すなわち対象をていねいに観察し、評価する力が重要である。各行事を観察し、課題を明らかにしたり、よい点をさらに伸ばしたりするには、教務主任としての判断基準の精度を上げる必要がある。そのためには、教務主任としての学びを止めないことである。教育界の動きや各自治体の教育施策など最先端の情報を常に掴み、近隣の学校とも密に連携しながらアンテナを高く張った教務主任でありたい。教務主任の仕事は、年間予定のなかに行事を組み込んで終わり、ではないのである。

新しい伝統を創る

はかどるポイント

①行事内容の見直しは、後退ではなく新たな伝統と捉える。

②既存の行事も、統合や地域施設の活用などの工夫次第で、新しい伝統となる。

　学校行事には、その学校が昔から受け継いできた"伝統"がある。

　どの地域でも「運動会では伝統的に〇年生が△△を披露している」とか「〇月には地元の□□大会に出るのがこの学校の伝統だ」といった事例は数多く聞かれる。

　しかし、コロナ禍による生活様式の変化やグローバル化の進展など、学校を取り巻く環境も大きく変わり始めている。学校行事も、これまでの伝統を受け継ぐだけでなく、時代に合った新しいことを取り入れて発展させ、新たな伝統を創っていきたい。

〈後退ではなく新たな伝統〉

　とは言えこれまで散々述べてきたように、学校行事の見直しを図るべきときに来ている今、安易に新たな行事を始めるのは得策ではない。それよりは、既存の行事の内容を見直したり、統合したり、開催場所や学年を工夫したりして、新しい行事を創り、新たな伝統としていくべきである。

　たとえば運動会は、コロナ明け以降、内容を見直し、午前中のみに短縮したり、数日に分散して開催したりする学校が増えている。スポーツフェスティバルというように名称を変更した学校もある。

　これまでの運動会のイメージがあるためか、保護者や地域の方々からは、種目が減って残念だという声も聞かれるが、運動会のこの

ような変化もけっして後退と捉えるべきではないと思う。子どもたちが新たな目標をもち、熱中症対策が叫ばれるなか、子どもたちの健康と安全に配慮して進化した新しい形の運動会なのである。これも新しい伝統として発信していくべきなのではないだろうか。

〈既存行事の見直し〉

　この他、既存の行事を見直して新たな伝統としていくには、次のような視点があると考える。

○学年で行う行事も、地域に積極的に公開する。

○文化的行事と体育的行事を一体化させていく。

○地域の施設を活用して行事を実施する。

○異学年が交流しながら行事を実施する。

○いくつかの行事を統合し、〇〇デー、〇〇フェスティバルとして実施する。

　その他に、ICT を活用する、地域の企業とコラボするなどの工夫も、新しい伝統につながるだろう。

　もちろん、地域や子どもたちの実態に合わせ、一から新しい行事を開発するのも悪いことではない。子どもたちから企画が出ることもあるかもしれない。その場合は、内容や時数、教科との関連などをよく吟味し、持続可能なものであるかどうかよく検討して方策を練っていく。

〈教務主任に求められるもの〉

　これまでも述べたが、年間予定のなかに行事を組み込んでいくことだけが教務主任の仕事ではない。それぞれの行事がもたらす教育的効果をしっかりと考え、継続すべきものと削減してもよいものとを見極めていくことも大切な役割なのである。

　さらにその際、上述した視点をもち、学校行事の新たな伝統を創る気概をもって教務主任に挑戦してほしい。

7章

保護者・地域との
関係をつくる

東京都江東区立第四砂町小学校長　太田　智恵

保護者と同じ方向を向く
——敵対しない

はかどるポイント

①担任との連携を図り、地域や家庭と連携する視点を培う。

②対立構造にしない人材育成を進めることで保護者と同じ方向を向く。

③子どもたちのために一緒に考えるということを基本とする。

　地域や保護者から「学校の様子がわからない。先生はうちの子をきちんとみてくれていないのではないか」というような声をよく聞く。学校からの情報発信が足りず、教育課程の理解や年間の行事予定の把握が十分ではないことを感じる。まず、教務主任は、校長が示した学校経営計画を基に、教育課程の内容や行事予定について十分理解し説明することが大切である。

〈担任との連携〉

　生きる力の育成、地域との連携、さまざまな価値観をもつ保護者との対応など、教員に求められる力は学習指導面の他にも多種多様にわたり、教員に対する期待も高まっている。このようななかで学校教育の課題に対して、教務主任の地域や家庭と連携する視点を培うことが重要である。

　教務主任が地域や保護者と連携するためには、担任との連携が欠かせない。とくに、さまざまな情報を担任と共有することで、想定される子どもの問題に対して早めに対応したり、問い合わせがあったりした場合、すぐに対応できれば、学校への信頼感も高まる。教務主任が地域や保護者と連携する窓口として連絡調整することで、地域や保護者と連携する視点を培うことにつながる。

〈対立構造にしない人材育成〉

　学校は、保護者や地域との連携を図る際に、対立構造にしないことが第一である。そのために、教務主任は、定期的にコミュニケーションを取り、情報共有の場を設定し、教育課程の内容や行事予定について分かりやすく説明しておくことが重要である。また、OJT研修を活用する等して保護者や地域の要望を受け止める姿勢をもつことを教職員にも周知しておく必要がある。

　とくに保護者からの要望があった場合は、担任教員が一人で対応せず組織的に対応する。教務主任が同席して対応することで、他の教員が学ぶことも多くある。電話対応も同じで、担任が苦慮していたらスピーカーで聞くようにし、メモを渡してアドバイスすることも人材育成につながる。

〈子どもたちのために〉

　学校は、保護者や地域と敵対せずに一緒に子どものよりよい成長を考えていくことが基本である。

　子どもたちの健やかな成長のために教育活動や学習環境の整備等、共通の価値観をもつことで保護者や地域との協力体制を強化できる。また、いつでも相談できる学校の窓口を確保することで情報交換がしやすくなり共通理解ができるようになる。共通理解が深まれば、共通実践できるようになり、子どもたちの学びをサポートできるようになる。

　保護者や地域が学校へ協力する際には、目的や内容を明確にし参加しやすい環境を整えていくことが教務の主任の役割である。そして、学校全体が保護者や地域と対立せずに子どもたちのために考えていくことを第一とすることが基本である。

〈教務主任に求められるもの〉

○日常的に担任等との関係づくりに努め、情報を共有すること。
○担任が一人で対応せず、組織的に対応できる雰囲気をつくること。
○学校が一緒に考えていくという姿勢を示すために、いつでも相談できる学校の窓口を確保すること。

保護者や地域の意見は
改善のチャンス

はかどるポイント

①立場を変えて話を聞く。
②学校とは異なる視点で考えてみる。
③受け入れるよりも、受けとめる姿勢をもつ。

　学校は、保護者や地域の方々とのコミュニケーションを容易にするために、定期的な会議等コミュニケーションをとる場を提供する。また、要望や意見に対してはフィードバックも忘れずに提供することが重要である。

　保護者会や地域との定期的な会議等は、貴重な意見を聞ける場である。こういう場で積極的に意見を聞き出し、改善のチャンスと捉えるようにしたい。

〈立場を変えて話を聞く〉

　保護者や地域の意見を聞く際には、立場を変えて話を聞くことが重要である。教務主任が学校の窓口となり保護者や地域の話を聞くことで、教頭・副校長と連携して、組織的に対応することが可能となる。

　話を聞く姿勢として、相手の立場や意見に対して理解を示し共感することで、相手に安心感をもたせ話しやすい雰囲気をつくる。そうなれば、相手の考えや要望の背景が分かり、学校への理解も期待できる。立場を変えて話を聞くことは、学校を俯瞰して見ることができるようになり教務主任の視座を高めることにもつながる。

〈学校とは異なる視点で考えてみる〉

　教務主任は保護者や地域の視点で考えてみることも必要である。

公立学校の場合、学校は地域の一部として考えられている場合もあり、地域の人々が密接にかかわっている。そのため、教務主任は、地域の文化や歴史、地域特有の要望もしっかりと把握するよう努力する。そして、地域の人々が学校に対して感じている問題点や期待を学校の窓口として受け止める。保護者や地域の客観的な意見を聞くことで、学校とは異なる視点で考えることができるようになる。

その問題点や期待は、学校に持ち帰り学校経営計画を基に精査し、学校運営に反映していくことで、改善につなげる。保護者や地域の問題点や期待は、教務主任が学校とは異なる視点で考えてみることで改善のチャンスとなる。

〈受け入れるよりも、受けとめる姿勢をもつ〉

教務主任は、学校の窓口となり話を聞く際には、基本的な姿勢として共感して聞くが、話をすべて受け入れるという意味ではない。

教務主任は、どこまでが学校ができることでどこからが学校ができないことかを整理しながら聞くようにしたい。話を聞いた後、なぜここまでができて、ここまでができないのかを学校の経営計画、経営方針、教育課程に基づきていねいに説明し、基本的な学校の姿勢は崩さず受け入れずに受けとめることである。

気をつけたいことは、学校として責任を問われることは、その場で回答せず、一度話を預かり管理職に相談し指導・助言を受けることである。また、話を聞く際は、必ず複数で聞き記録をとることだ。

〈教務主任に求められるもの〉

○立場を変えて相手側の気持ちになって聞くことで話しやすい雰囲気をつくること。

○地域や保護者の視点で聞き学校とは異なる視点で考えてみることで改善のチャンスにすること。

○学校の窓口となり話を聞く際には、基本的な学校の姿勢は崩さず受け入れずに受けとめること。

保護者や地域との関係構築

はかどりポイント

①地域に出て保護者や地域の声を聞く。
②学校の理解者をつくる工夫をする。
③コミュニケーションの力を磨く。

　新型コロナウイルス感染症の5類移行に伴い、地域での行事も通常どおり行われるようになり、学校関係者の参加が求められている。地域行事への参加は、保護者や地域との関係をつくる絶好の機会でもある。それは、学校の理解者を増やすことにもつながる。

　保護者や地域と良好な関係をつくっていくためにも、教務主任のコミュニケーション力を磨くことが必要である。

〈地域に出て保護者や地域の声を聞く〉

　地域行事への参加は、その地域の特色やどのような人々が子どもたちにかかわっているかを知ることができるチャンスである。さらに、保護者や地域の人々とのつながりをも深くなり、地域の窓口としての教務主任には大きな意味がある。

　また、保護者や地域の人々の学校に対する思いを直接聞き、理解することは学校運営にも資するものとなる。教務主任だけではなく、多くの教職員に参加させたいところであるが、休業日の参加については管理職の考えを理解しておかなければならない。

〈学校の理解者をつくる工夫をする〉

　保護者や地域との関係構築の先にあるものは、学校の教育活動についての理解者になってもらうことである。教務主任として、定期的に学校の教育活動や方針について説明する場をつくっていく。た

とえば、保護者会で校長が概要を説明した後に教務主任が資料を使いながら詳細に説明することが考えられる。

　地域の人々に対しては、学校評議員会などの場を活用し、教育課程や学校行事についてていねいに説明していく。学校の様子を伝えるために、学力調査の結果や子どもたちの活動の様子を動画やスライドにまとめて示すことも効果的である。

　このように、保護者や地域の人にさまざまな学校行事に積極的に参加してもらえるよう、講演会や子どもと一緒に活動する機会を入れるなど工夫することが重要である。学校行事こそ保護者や地域を巻き込んで理解者をつくるチャンスである。

〈コミュニケーションの力を磨く〉

　学校の様子がわかれば保護者や地域の人も安心できる。大事なことは、学校行事等に参加してもらったら必ず感想や意見をもらうことである。意見は真摯に受け止め、必要なことは職員にも周知し対応していく。ここで教務主任に必要なのが、コミュニケーションの力である。

　普段から相手の話に傾聴する姿勢を意識し、話しやすい雰囲気をつくるよう心がけるとよい。相手が子どもでも教職員でもどんな人でも日常のなかで自身のコミュニケーションの力を磨くことが必要になる。この力があれば、保護者や地域とも連携がスムーズになり、学校からも保護者や地域に協力依頼がしやすくなる。結果として教務主任の仕事もスムーズになり、人とのつながりが大きな力になって子どもに還元できるはずである。

〈教務主任に求められるもの〉

○保護者や地域の声を聞くためのフットワークを軽くすること。

○保護者や地域との連携のチャンスを逃さないために、常にアンテナを高くしておくこと。

○コミュニケーションを通した情報収集能力を高めること。

7章 保護者・地域との関係をつくる

地域と学校をつなぐ窓口となる

はかどるポイント

①管理職との情報共有。
②情報を選択する。
③担当者、分掌への指導・助言。

　昨今、地域の教育力の低下や家庭教育の充実の必要性が指摘されている。また、学校が抱える課題は複雑化・困難化しており、教職員のみならず社会総掛かりで対応することが求められている。

　だからこそ、地域と学校をつなぐ窓口となる教務主任には、重要な役割がある。多くの地域の人々が学校にかかわることで、より豊かな子どもの学びが生まれる。

〈管理職との情報共有〉

　教務主任は、日頃から地域に出て情報交換をする等、地域とのコミュニケーションを円滑にするしくみや場をつくることが大切である。

　そのためには、地域の人々が学校に関する問題や意見をもった場合に、管理職に情報を迅速に伝えることが必要である。また、地域の声や関心に合わせて学校の考え方を伝えておくことで、地域の人々が学校の教育活動について理解することができる。

　このように、地域と学校の窓口になることで互いに情報共有できていれば地域も安心感をもち、地域と学校の連携が強化されていく。たとえば地域学校協働本部の学校支援活動も円滑に進むようになる。

〈情報を選択する〉

　情報を選択するとは、地域と学校が連携するために必要な情報か

172

どうかを判断することである。そのためには、教務主任が地域の特性や文化を理解し地域のニーズを正確に理解しておくことが必要である。

また、学校の方針についても十分理解して伝えることができるようにしておくことである。

地域に伝える情報は、地域の要望に合わせた情報を選び明確かつ正確に伝え、管理職に伝える情報は、要点を絞り事実のみを的確に明確な言葉や数字で伝えることが求められる。

このように、教務主任が必要な情報を選択することで、地域と学校の連携がスムーズになる。

〈担当者、分掌への指導・助言〉

地域と学校の連携がスムーズになれば、地域行事、学校行事などは、地域の関心や要望も取り入れながら計画を立てることができる。

ここで教務主任は、地域の関心や要望を教職員にも伝え共通理解したうえで学校の取り組みに反映させることが重要になる。その際、適材適所に役割を分担し、担当者や分掌への指導・助言をしながら、学校の取り組みに反映させる。

適材適所に役割を分担するためには、普段から職員とのコミュニケーションをとりながら、仕事の様子を観察しておくとスムーズである。また、地域の人々と打ち合わせをする場を設定し、学校の職員と地域の関係者とをつなげる。このつながりが、地域と学校の協力関係を強化し、最終的に子どもたちの喜ぶ姿を見ることにつながる。また、地域の学校へ協力したいという意欲も高めていける。

〈教務主任に求められるもの〉

○地域とのコミュニケーションを円滑にするしくみや場をつくること。

○地域と学校がスムーズに連携するために必要な情報かどうかを判断すること。

○地域と学校の協力関係を強化し子どもたちの喜ぶ姿を見ることにつなげる。

社会に開かれた教育課程の実現

はかどるポイント

①社会に開かれた教育課程を理解する。
②実現に向けた教務主任の役割を果たす。
③教育目標の周知の方法を考える。

　学校教育において育むべき資質・能力を育むためには、学校が社会や世界と接点をもちつつ多様な人々とつながりを保ちながら学ぶことができる開かれた環境となることが不可欠である。また、そのためには、学校生活の核となる教育課程には、社会の変化に向け教育が普遍的にめざす根幹を堅持しつつ、社会の変化を柔軟に受け止めていく「社会に開かれた教育課程」としての役割が期待されているとされている。このような「社会に開かれた教育課程」を実現するためには、学校の組織や文化のあり方を見直し多様な専門性や経験をもつ地域人材等と連携・協働し家庭や地域社会を巻き込み、教育活動を充実していくことが大切である（中央教育審議会初等中等教育分科会「チームとしての学校の在り方と今後の改善方策について〈答申〔案〕〉」平成27年12月）。

〈社会に開かれた教育課程とは〉

　学習指導要領前文に示されているように、社会に開かれた教育課程とは、子どもたちが、学校だけではなく社会のつながりのなかで学ぶために、教育課程において明確にしながら、社会との連携および協働によりその実現を図っていくことである。

　教務主任は、「社会に開かれた教育課程」について理解を深めるとともに、校長の学校経営計画に基づき、自校の「社会に開かれた

教育課程」を実現していく中核となる。地域、家庭、学校が連携し、よりよい社会をつくるという理念を全職員、地域や保護者と共有し、学校においてどのような学びをめざし、地域や保護者にどのように協力してもらうかを考え共通理解し実践していくことが重要である。

〈実現に向けた教務主任の役割〉

教務主任は、まず、自校の子どもたちの実態を把握し、学校の教育課程編成に際して教務主任を中心に全教職員で具体的な内容を編成、計画して作成や編成作業に当たることが重要である。

地域や保護者には、教育課程を説明する場を設けるようにし協力体制を構築していく。教務主任は地域学校協働本部など地域との協力体制を構築する窓口となり、学校が協力してほしいことについてまとめておく。それを月に１度の定例会で示し具体的に話し合い、保護者全体にボランティアを募集してもらう。たとえば、各行事の受付等は、この形で協力してもらうと職員も教育活動に集中できる。

〈教育目標の周知の方法を考える〉

学校の教育目標は、子どもたちや教職員だけでなく、地域とも共有する必要がある。教務主任は、子どもたち、家庭、地域へと周知の方法を考え、実践して共通理解を図ることが職責である。子どもたちには、学年目標や学級目標を決める際に意識させることになる。

家庭や地域への説明は、学校説明資料など、見やすい資料を使って説明していきたい。

これからの学校には、社会と連携・協働した教育活動を充実させることが求められる。そのため、教務主任は、子ども、家庭、地域へと周知する際、教育目標をうけて作成される学校経営計画を基に資料等をつくることで、教育目標を周知することが重要になる。

〈教務主任に求められること〉

○「社会に開かれた教育課程」を実現していくため地域や保護者と連携する。

○地域との協力体制構築の窓口となり具体的に話し合いを進める。

○子ども、家庭、地域への教育目標の周知の仕方を工夫する。

教務主任の情報発信

はかどるポイント

①ホームページでの発信。
②学校だよりの役割。
③保護者会等での戦略的情報発信。

　教務主任の役割として外部に向けた情報発信がある。その際、保護者や地域等に対して分かりやすく伝えるために、相手意識を忘れてはならない。また、学校行事の予定や内容、教育活動の目的や参加方法など、内容によって発信方法を使い分けて伝えていくことが重要である。ICTでできることを最大限に活かし、効率的で即時性のある情報発信を心がけていきたい。

〈ホームページでの発信〉

　ホームページでは、学校全体の取り組みなどを定期的に発信するとよい。たとえばその日にあった朝会や集会の様子を写真とともに載せておく。写真は、顔が特定できないよう離れた場所から撮影したり、写真の人の切れ目が適切であるか確認したりして活用する。

　教務主任は、担当者へ各学年が、定期的に上げる日を決めておくことや上げる際は管理職に確認を取ることを指導・助言する。また、年度当初には各項目が更新されているか、リンクが飛ぶかどうかなど細かいところまで確認するよう、担当者に伝える必要がある。

　普段から、他校のホームページを見るようにし自校のホームページが見やすいかどうか意識することも大切である。とくにトップページは、必要最低限の情報を載せ、情報過多にならないようにすると見やすい。

〈学校だより〉

　学校だよりは、学校と地域や保護者、子どもたちとのコミュニケーションの重要な手段である。データ化が進むなかだが、地域の方には、紙媒体で確実に届くようにしたい。

　学校だよりの役割は、校長の経営方針に関することや教育活動において重点をおいていることなどを発信する。また、行事予定や持ち物など教育活動に必要な情報を提供する役割がある。さらには、学校の実績や子どもの活躍、特別な取り組みなど、学校のよさを広く知らせることで、学校への関心を高める役割もある。

　教務主任は、学校だよりを効果的に活用することが重要である。作成時には、誤字、脱字だけではなく、下校時間など細心の注意をはらって作成するよう各学年、担当者へ指導・助言するとともに、責任をもって確認していきたい。

〈保護者会等での戦略的情報発信〉

　保護者会等は、直接的に情報発信できるチャンスであり、戦略が必要である。たとえば、入学前の保護者会などでは、何を伝えたいのかを明確にし、受け手である保護者が、何を知りたいのか相手意識をもち、分かりやすく伝えることが大切である。とくに言葉遣いや表現方法も、適切に伝わるように工夫することで、安心感と信頼感を得られる。また、重要な情報は印象に残る発信方法を考えたい。とくに保護者に依頼する事項については、具体物を見せる等して重要性を認識させていく。

　情報発信後は、保護者からの質問に対応する時間や体制を整えることも忘れないようにしたい。このように、いつ、誰に、何のためにを明確にし、相手意識をもつことで、戦略的な情報発信ができる。それは、学校と保護者の協力関係を強化することにもつながる。

〈教務主任に求められること〉

○ 自校のホームページが見やすいかどうか意識すること。

○ 学校への関心や支持を高めるよう、効果的に活用すること。

○ 何を知りたいのか相手意識をもち、分かりやすく伝えること。

7章 | 保護者・地域との関係をつくる

教職員との情報共有
——他人ごとにしない

はかどるポイント

①教職員からの情報が集まる仕組みづくり。
②教務主任からの教職員への効果的な発信。
③保護者や地域にかかわる情報の共有。

　日常の職務において、教職員間の情報共有は欠かせない。共有すべき情報量も多く、スピード感も必要である。職員打ち合わせ、会議等もICTの活用により効率化を図れるようになっている。教務主任は、校務支援ソフト等のICTの活用で効率的に進む部分と、直接顔を合わせて情報共有を図る機会を組み合わせながら、時間の有効活用を図ることが重要である。

〈教職員からの情報が集まる仕組みづくり〉

　教務主任は、企画会等の学校運営の根幹をなす会議を運営する。その際、実施案等の資料は事前に提案者が作成して供覧するようにしたい。その過程で担当部の責任者、主幹教諭や教務主任に回覧して指導・助言を受けるようにする。決裁ルートを明確にし、必ず教務主任が参画することで、教務主任に情報が入ってくる仕組みをつくる。また、保護者対応等で何か問題があれば、学年内で共有した後、学年主任から主幹教諭や教務主任に相談し、教頭・副校長に報告するという流れをつくることで教務主任に情報が集まってくる。このようにして、校務分掌と学年のなかで仕組みをつくることで、教務主任に情報が集まるようにする。

　教務主任が教職員全体とコミュニケーションを積極的に取り、常にアンテナを高くもち何かあれば自分から声をかけて情報収集する

ことが重要である。

〈教務主任からの教職員への発信〉

　教員に向けての情報発信は、校務支援ソフト、ICT の活用により連絡事項を短時間で周知することができる。また、各分掌の担当者が、口頭で説明する時間を減らすことができ、最新情報を共有できるようになり、各分掌から全体へ伝える時間短縮にもつながる。

　しかし、それだけでは不十分なこともあるため、年間行事予定、月別行事予定の他に、週ごとの予定を出すことでより全体の動きが見えるようにすることも必要だ。学校は、週ごとにさまざまな予定が変わることも多い。この週予定に出張や研修、週案簿や提出書類の締め切りなども載せておくことで、人の動きや週のやるべきことを把握するために役立つ。このように詳細な教育計画は誰にとっても日々の業務の指針となり、円滑な学校経営につながる。

〈保護者や地域にかかわる情報の共有〉

　学校での様子や家庭・地域での様子を伝えあうことで、学校と家庭・地域が連携して子どもたちを育むことにつながる。たとえば、個人面談では、よいところやがんばっているところを伝えてから友だち関係や学習状況、生活面の様子について伝えるようにする。地域との会議では、日頃の感謝をしっかりと伝えてから必要な情報交換を行う。どちらもその日先生と話せてよかった、学校に来てよかったと思えるようにすることを教職員全体で共有したい。教務主任が、個人面談では何を伝えるのか等、日頃から家庭・地域に伝えることを整理し、学校としてある程度統一しておくと担任も観察の視点をもちやすい。

〈教務主任に求められること〉

○職員全体とコミュニケーションを積極的に取り、常にアンテナを
　高くもち情報交換すること。

○週ごとの予定等、詳細な教育計画を出すことで円滑な学校経営に
　つなげること。

○担任が普段から記録をとる視点を全体で統一しておくこと。

地域リソースを活かす
——地域を学びの場にする

はかどりポイント

①自分の足で地域リソースを見出す。
②地域を巻き込むことで教育活動の幅を広げる。
③指導計画が適切に教育課程と連携しているか確認する。

　地域を学びの場とするとは、子どもたちが学校や教室だけでなく、実際に地域のなかで学びを体験することである。

　学習指導要領では、「これからの時代に求められる教育を実現していくためには、よりよい学校教育を通してよりよい社会を創るという理念を学校と社会とが共有」することが重要であると前文に示されている。各学校で地域の実態に合わせて進めていくために何をしていくとよいか考えていく。

〈地域リソースを見出す〉

　地域リソースを見出すためには、地域の人々に直接話を聞くことが有効である。地域のコミュニティセンターや商店などに足を運び、地域リソースについての意見やアドバイスを求めてみるのもよい。

　子どもの目線を意識して地域を自分たちで見て歩くことで、意外なリソースを発見することもある。教職員全体で、地域巡りをすることも新たな発見につながるはずである。

　最終的に、教務主任は、地域の方々と情報交換して地域の歴史、文化、自然環境など、子どもたちの目線で興味のあるテーマに焦点を当てて情報収集し、地域の人材リストを各学年と連携して作成する。それを必要に応じて活用できるよう教職員に周知しておく。

〈地域を巻き込む〉

　地域を巻き込むことで、教育活動の幅が広がり、教育の質を向上させることができる。学校は地域と連携することで、子どもたちの体験的な学びの場が増える。たとえば、地域の企業と連携して授業をしてもらう。企業のインターンシッププログラムの一つとして、海外の人を学校に招き文化交流をするなどさまざまな可能性がある。いずれにしてもその地域の実態を把握して地域リソースを開拓し、綿密な打ち合わせを重ね、連携していくことである。子どもたちのために地域リソースの開拓を楽しむのも教務主任だからできることではないだろうか。

〈指導計画の確認〉

　指導計画は前年度から地域と連携した学年が次年度にしっかりと引き継ぎ、指導計画が適切に教育課程と連携しているかを教務主任が確認する。

　たとえば小学校低学年は生活科で地域巡り等、中学年は社会科で警察署、消防署見学等、高学年は理科で企業主催の実験プログラム等、その地域リソースに合わせて教科等の指導計画に組み込む。さらに、企業見学やインターンシップなどの文化交流も、カリキュラム・マネジメントの一環として取り組んでいきたい。

　いずれも事前に教務主任と担当者が地域の人、企業の担当者と打ち合わせをする。しっかり連携するためには緻密な計画と準備をもって進めることが大切である。地域に出る場合は、安全面が心配なので保護者等に事前にお知らせをして協力してもらうことも必要になる。

〈教務主任に求められること〉

○子どもたちの目線で興味のあるテーマに焦点を当てて情報収集し、地域の人材リストを各学年と連携して作成する。
○その地域の実態を把握して地域リソースを開拓することを楽しむ。
○連携するためには緻密な計画と準備をもって進めること。

総合的な学習の時間の目標と内容

はかどりポイント

①学校としての目標。
②年間指導計画の作成。
③実践を通したアップデート。

「総合的な学習の時間」は、子どもたちや地域や実態に応じて体験的な活動を行うことが基本である。そのために地域リソースを活用した連携体制を充実させる必要がある。職員等の異動があっても継続的に連携・協働できる体制づくりが、学校の組織として重要である。そのためには、教育課程に基づき、教務主任を中心として各学年と連携し、地域リソースを活用した体制づくりを構築する。

〈学校としての目標〉

　総合的な学習の時間の目標は学習指導要領に明記されている。さらに学習指導要領では、「各学校においては，第１の目標を踏まえ，各学校の総合的な学習の時間の目標を定める」とある。総合的な学習の時間の全体計画で、他の教科等との関連を明確にしたうえで学校としての目標を定め、これを実現していくことになる。

　さらに、教務主任は、その関連を教育課程に位置付けていくことになる。そして、各学年の年間指導計画作成や地域リソースの活用、学習評価の管理などの進捗管理を担当する。それとともに総合的な学習の時間においても時間割や予定の調整を行う役割がある。

〈年間指導計画の作成〉

　総合的な学習の時間の年間指導計画は、学校が定める目標に基づいて、学校として一貫性をもたせる必要がある。各学年が立案した

としても、教育課程に基づき地域リソースを活用した内容であることや、地域や子どもたちの実態に合っていることなど、総合的な学習の時間の担当教員と協働しながら教務主任として確認していきたい。

　また、教職員の地域リソースへの理解や地域を知る活動を推進し、教職員による地域巡りや総合的な学習の時間の勉強会などの場を設定したい。

〈実践を通したアップデート〉

　指導計画は実践を通して改善していくものである。総合的な学習の時間の指導計画も、年度末に各学年の実施状況を確認し、必要に応じて修正・改善を図っていくことになる。そのためにも、各学年は、総合的な学習の時間を進めながら、改善のアイディアなどを記録に残していくことが必要である。

　ここで重要なのは、総合的な学習の時間を通して身につけていく資質・能力が育っているかという視点である。各学年で育成をめざす資質・能力は着実に育っているか、前学年までに身につけてきた資質・能力を活かしているか、低学年から3年生への資質・能力の移行は意識されているか、といった視点で評価する必要がある。それは、単に指導計画の見直しに留まらず、指導方法、単元構成や展開の問題でもある。さらに、教員一人ひとりの指導力にもかかわる問題でもある。実践を通したアップデートは、指導計画のみならず、教員の指導力のアップデートにもつながっていることを意識したい。

〈教務主任に求められること〉

○ 教育課程全般と、総合的な学習の時間の学校が定める目標との関連を明確にすること。

○ 地域と連携し地域リソースを活用するために、常に地域リソースを開拓し、教職員ともに教材化を図っていくこと。

○ 総合的な学習の時間の指導計画を組織的に検証し、次年度に向けて単元構成や展開、指導方法の改善を図っていくこと。

ゲストティーチャーを招聘する

はかどりポイント

①招聘する意味と意義を確認する。
②ゲストティーチャー情報をデータベース化する。
③ゲストティーチャーの招聘をシステム化する。

　社会に開かれた教育課程を実現する意味でも、ゲストティーチャーを招いた授業は有意義である。子どもたちにとってもゲストティーチャーは社会との接点を意識するものになる。

　特定の専門知識等をもつ外部の専門家等を招聘することで、子どもたちにとって新しい学びの機会を提供することになる。その機会をどのように教育課程に位置付け、継続性をもたせるかを考え、実践していくのが教務主任の役割である。

〈招聘する意味と意義を確認する〉

　ゲストティーチャーを招聘する意義は、専門性をもった外部人材が学校教育に参画することにより、授業の質の向上を図り新しい学びの機会を提供することである。

　ゲストティーチャーの役割は、自分の専門分野に関する知識や経験を子どもたちの興味・関心に合わせて提供すること、新たな視点で学習意欲を高めること、現実の職業や社会への理解を深めること、さまざまな人々と交流することで多様な視点や経験を通じて教育の質を向上させること等である。

　教務主任は、子どもの実態に合った地域リソースを見出し、情報を整理しておきたい。

〈情報のデータベース化〉

　総合的な学習の時間等で各学年がゲストティーチャーを招聘した場合、その情報をデータとして残し、データベース化して学校の財産としていきたい。

　教科等との関連、ねらい、内容、ゲストティーチャーの立場や連絡先、謝金の有無等の実施計画書のフォーマットを作成し、入力して保存してデータベースをつくっていく。その仕組みをつくり、運営していくのが教務主任の役割となる。

〈招聘をシステム化する〉

　招聘をシステム化することは、教務主任を含め全体で進捗状況を把握することにも役立つ。まず、年度当初にどの学年がどんなゲストティーチャーを招聘するのかを担当者が各学年と話し合い地域リソースを活用して計画をまとめる。

　教務主任は、ゲストティーチャーカードを作成することでシステム化する。いつ、だれが、どの場所に、どの教科で来るのか、駐車場が必要か、最初に案内する場所はどこか、教室までの案内はどうするか、講師料は必要か等、細かいところまで学年に記入してもらい、事前に担当者から学年主任、主幹、教務主任、事務、主事室、管理職にも周知する。教務主任は、お金が発生すれば最初の対応は主事室なので、きちんとゲストティーチャーカードが回っているかを確認することも重要である。

〈教務主任に求められるもの〉

○ゲストティーチャーを招聘する意味と意義を教職員に周知すること。

○地域リソースを整理し、ゲストティーチャーをデータベース化しておくこと。

○社会に開かれた教育課程を実現していくこと。

終章

教務主任に求められる 10の資質・能力

国士舘大学教授　喜名 朝博

理解力

はかどるポイント

①教育課程やその編成に関する理解は必須である。
②すべてに法的根拠があることを理解する。
③説明することで理解は促進する。

　公教育としての学校教育はすべて法令等に基づいて行われている。日々の教育活動や学校運営にもすべて根拠がある。なかでも教務主任が中心になって編成する教育課程は、学習指導要領はもとより、学校教育法施行規則や設置自治体の教育委員会が定める管理運営規則等に基づいている。教務主任には教育課程全般にかかわる理解が必須であり、そのことを教職員にも説明し、共通理解を図っていくことが求められる。

〈教育課程の理解〉

　教育課程の法的根拠は、学校教育法や同施行規則、学習指導要領等にある。とくに学習指導要領の総則には、教育課程編成の一般方針、内容等の取扱いに関する共通的事項、授業時数等の取扱い、指導計画の作成等に当たって配慮すべき事項等、教育課程全般についての考え方が示されており、十分理解しておく必要がある。その理解を助けるのが「学習指導要領解説　総則編」であり、常に手元において読み返していきたい。また、教育委員会が示す教育課程編成の基本方針や教育課程説明会での内容を理解することも教務主任の職責である。前例踏襲に陥ることなく、教育課程の本質を理解したうえで教育課程編成作業にあたっていきたい。

〈法的根拠を確認する〉

　学校にはさまざまな計画が存在する。なかでも学校安全計画や危険等発生時対処要領（危機管理マニュアル）は、学校保健安全法にその策定義務がある。また、同施行規則には毎学期1回以上の定期的な安全点検を行う義務が示されている。

　また、道徳教育の全体計画や道徳科の年間指導計画の作成、特別活動の全体計画や学校行事の年間指導計画の作成については、学習指導要領に示されているところである。法令順守という観点から教務主任の仕事を考えていくとともに、常に法的根拠を確認する習慣をつけていきたい。

〈教職員の理解を図る〉

　教育活動が法令等に基づいて行われていることを意識して仕事をしている教職員は少ない。教育公務員として職務に当たっている意識を高める意味でも、教育活動の法的根拠や自治体の教育施策と教育課程の関連について伝えていきたい。

　教員の創意工夫によって、授業はいくらでも楽しく、分かりやすいものにすることができる。しかし、その内容や指導時間数は、学習指導要領を基に学校が作成する各教科等の年間指導計画に基づいている。それを順守することが公教育の質を担保することになる。教務主任は、教育課程の進捗状況の確認や時数管理等を通して、公教育の質を保っているとも言える。教職員の理解を進めながら、その職責を果たしていきたい。

〈教務主任に求められるもの〉

　教育課程にかかわる知識だけでなく、教育活動全般に関する法的根拠を理解している教務主任は、教職員に説明し、説得する力をもっている。さらに、日々の教育活動を進めながら、その状況を理解し、判断して改善策を講じるためにも、教務主任には高い理解力が求められる。また、教育界の動向や自治体の教育施策等への関心と理解が教務主任としての成長につながる。学校教育全般への理解力のある教務主任への成長が期待されている。

指導力

はかどるポイント

①教師としての指導力を高める。
②教職員の職務が円滑に進むための指導力を発揮する。
③教職員にも個別最適な学びと協働的な学びが必要。

「教える」から「学ぶ」へ、子どもたちの主体的な学びの保障に向け、教育観の転換が求められている。教務主任としての指導力も、子どもたちの教育と同様に、教職員一人ひとりが主体性を発揮し、円滑に学校運営に当たることができるようにするための指導力である。そのために、教職員についても「個別最適な学び」と「協働的な学び」が必要である。教務主任の指導力は、子どもたちへの指導と相似形であると言える。

〈教師としての指導力〉

　経験年数の少ない教職員の増加は、学校運営にかかわる知識や技能、学校文化の継承をむずかしくしている。しかし、知識や技術の一方的な伝達では、教職員が主体性を発揮できず、成長につながる学びにならない。また、教職員の資質・能力や個性もさまざまであり、画一的な指導では効果が現れない。教務主任には、教職員一人ひとりに合った指導・助言の方法を探り、実践する指導力が求められる。

　このような指導力は、子どもたちの教育の考え方と共通する。教師としての指導力は、教職員への指導力と重なる。その意味でも、教務主任は、授業力を磨き、教師としての自己研鑽を図らなければならない。

〈学校運営と教職員の成長〉

　円滑な学校運営の実現に向け、教務主任は常に考え続けている。一方、学校運営は教職員一人ひとりの資質・能力に依存しており、円滑な学校運営の実現には、教職員の力量が最大限に発揮されなければならない。学校運営への取り組みを通して、教職員は経験知を獲得し、成長していく。このことを理解したうえで、教務主任としての指導力を高めていきたい。

　教務主任の教職員への指導・助言が、個人の資質・能力の向上につながり、そのことで学校運営がスムーズになっていく。教務主任の的確な指導力の発揮が、学校運営の質の改善にもつながっている。

〈協働的な学びで学校力を高める〉

　教務主任の的確な指導力の発揮とは、子どもたちの教育にもとめられている「個別最適な学び」と「協働的な学び」を実現することである。

　教職員の「個別最適な学び」とは、一人ひとりの資質・能力や個性に応じた指導・助言の内容や方法であり、「協働的な学び」とは、教職員集団のなかでの学びあいを通して、組織としての成長を期するというものである。教務主任の指導力は、教職員との個別のかかわりを通して行われるものと、校務分掌のチームや部会等における小集団での学びあいをコーディネートするといった二つの場面で考えていきたい。さらに、「個別最適な学び」と「協働的な学び」の往還によって、学校力は相乗効果として高まっていく。

〈教務主任に求められるもの〉

　教務主任の指導力は、子どもたちの教育のあり方と共通する。その手法としての「個別最適な学び」と「協働的な学び」の往還も、子どもたちの学びと相似形である。教務主任の指導力は、自らの指導観に支えられており、常にアップデートし続ける必要がある。

　さらに、教務主任の指導力を高めるためには、自らもそれ以上に学び続けるとともに、「個別最適な学び」や「協働的な学び」の場面では、教務主任自身も、他者から学ぶという姿勢が求められる。

終章 | 教務主任に求められる10の資質・能力

段取り力

はかどるポイント

①先を見通す力が仕事を円滑に進める。
②段取りがすべてである。
③教務主任の段取り力を校内標準にする。

　教育計画の確実な進行をめざし、教務主任は常に先の見通しを
もって仕事をしている。その「先」とは、今日これからであったり
明日や来週、1ヵ月後であったりする。教務主任の頭の中には、教
育計画が入っていて、未来と行き来しながら考えている。

　その見通しを担保するのは詳細な計画であり、その進め方として
の段取りである。教務主任の段取り力は、学校運営を円滑に進める
だけでなく、教職員にも伝播し、学校力を高めることにつながる。

〈先見性をもつ〉

　先見性とは、将来の出来事や変化を予測する能力である。教務主
任の先見性は、計画立案時だけでなく、教育課程が進行している状
況でも発揮される。それは、状況の変化やアクシデントによって計
画の変更を余儀なくされることを想定することである。たとえば感
染症による学年閉鎖や学校閉鎖は教育課程にも大きく影響する。教
務主任は、感染症による欠席者が増加してきた時点で、さまざまな
状況を想定し、計画の変更を考えているはずだ。

　そして、その変更を具体的に進める力が段取り力である。周囲や
関係者との調整、周知など、もれなく、無駄なく考えていくために
は段取り力が必要となる。

〈段取りがすべて〉

　物事を成功させるには「段取りがすべて」と言われる。では、段取りと計画は何が違うのか。計画は、目標や目的を達成するための全体的な方針や方向性を決め、全体像を把握するためのものである。一方、段取りは、計画を実行するために、具体的な手順や方法を細部まで具体的に決めることであり、細案をつくることである。

　具体的な手順を洗い出し、優先順位を決める。関係者との調整を図る。作業に必要な時間を見積り、スケジュールを立てる、といった作業が具体的な段取りである。段取りがしっかりしていれば、状況の変化にも対応できる。

〈学校の標準として〉

　校務分掌や各種の校内委員会から全教職員に提案される計画がある。たとえば運動会委員会が提案する運動会の計画。例年のことで経験を基に動くことができる教職員がいる一方、新たに着任した教職員には全体像しか見えず不安になる。当初から細案にまで高めた提案であれば、誰もが安心してかかわることができる。

　日頃から教務主任が、その段取り力を発揮して細案を示すことを心がけたい。教務主任の精緻な計画が学校の標準となり、誰もが段取り力を高めていけば学校運営は円滑に進む。さらに、教職員の段取り力は、日々の授業準備など、教育活動全般に反映される。教職員一人ひとりの段取り力を高めるためにも、教務主任が自らの段取り力を高めることを意識していきたい。

〈教務主任に求められるもの〉

　段取り力の高い教務主任は仕事が早い。それは、経験を生かしながら仕事をしているからである。日々の職務を自らの学びとし、改善を繰り返していくことで経験知は増えていく。その経験知が先見性を高め、段取り力を確かなものにしていくのだ。

　教務主任に求められるものは、経験から学ぶ力である。そのためには、自らの職務を省察（リフレクション）し、改善していく力が求められる。

コミュニケーション力

はかどるポイント

①教育活動はコミュニケーションによって成立する。
②教務主任のコミュニケーション力が学校運営を円滑にする。
③コミュニケーション力とは聞く力である。

　学校は人と人のコミュニケーションによって成立している。子ども
たちにとって学校は、コミュニケーションを学ぶ場でもある。教
務主任の職務も、他者とのコミュニケーションによって行われ、教
務主任のコミュニケーション力の高さが学校運営を円滑にする。
　コミュニケーションとは、伝えることだけでなく意思疎通を前提
としている。伝える力以上に、相手の考えを聞いて理解するといっ
た聞く力が重要になる。

〈学校内のコミュニケーション〉

　コミュニケーションは単なる情報伝達ではなく、感情や感覚など
の人間的な意識が含まれる。コミュニケーションによって、相互理
解が促進され、信頼関係を深めていく。結果的に組織力を高めるこ
とにつながる。これは、子どもたちどうし、子どもたちと教職員、
教職員どうしといった教育活動のすべてに共通することである。
　コミュニケーションの方法の多くを占めるのが音声言語によるも
の、いわゆる「口頭」である。次いで、文字言語（テキスト）によ
るものが多い。また、ノンバーバル（非言語）コミュニケーション
や視覚によるコミュニケーションも重要であるが、教務主任にはコ
ミュニケーションの技能が求められる。

〈教務主任のコミュニケーション力〉

　教務主任の職務は、教職員等とのコミュニケーションであると言っても過言ではない。会議や打ち合わせでの口頭説明、計画や方針等を説明するためのテキスト資料の作成、日常会話を通した関係づくりなど、円滑なコミュニケーションは、学校運営を円滑にする。逆に、要領を得ない説明、分かりにくい資料は、教職員を不安にさせる。教務主任は、その職務を通して自らのコミュニケーション力を省察し、改善していかなければならない。それは、より分かりやすく伝えることを考えるだけでなく、誰もが気持ちよく仕事ができるように配慮することである。

〈教務主任の聞く力を高める〉

　コミュニケーションというと、いかに伝えるかということに重点が置かれがちである。しかし、コミュニケーションには、双方向性が欠かせない。一方的な伝達ではなく、相手の反応を見ること、相手の話を聞くといった相互作用によって成り立つ。

　教務主任は、その職務上、伝える場面が多くなる。だからこそ、教職員の反応を見たり、話をよく聞いたりすることを心がけたい。教職員とのコミュニケーションを通して相互理解を図るとともに、教職員一人ひとりが考えていることや意見を聞くという姿勢と具体的な行動が必要である。教務主任の聞く力を高めることで、学校改善のヒントを得ることもあるだろう。伝える力と同時に、聞く力も高めていきたい。

〈教務主任に求められるもの〉

　教務主任がその仕事を進めるうえで、コミュニケーション力は欠かせない。どんなに詳細な計画を思考しても、それを表現する力や分かりやすく説明する力がなければ実効性は低くなる。さらに、教職員や子どもたち、保護者の声を聞きながら相互理解を深めていくことも、教務主任の仕事を円滑に進める。教務主任のコミュニケーション力を高めるためにも、実践、省察、改善を繰り返すとともに、教職員からの評価をしっかり受けとめる力が求められる。

調整力

はかどるポイント

①教務主任の調整力が学校運営を円滑にする。
②調整力は人間関係構築力である。
③調整力はウェルビーイングにつながる。

　教務主任の仕事は調整力によって支えられる。一方的に指示したり依頼したりして仕事を進めようとすれば、必ず不協和音が生ずる。教職員の気持ちを理解して説明し、納得を得ることで学校運営は円滑に進む。その配慮の基になるのが教務主任の調整力である。

　調整力には、前項のコミュニケーション能力や傾聴力・共感力が含まれる。さらに、どこかで妥協する判断も必要になる。その意味でも、調整力は人間関係構築力とも同義である。

〈調整力を発揮する〉

　組織には多様性が必要である。多様な考え方の教職員がいるからこそ、創造性が発揮され、さまざまな問題を解決することができる。一方、多様性のある組織では、調整者の役割が重要になる。さまざまな考えを理解したうえでそれを調整することで組織は円滑に動いていく。その役割を担うのが教務主任である。

　教育目標の達成に向けた校長の学校経営計画の具現化という方向性は理解しても、その各論になると理解を得られない場合がある。そこで、ていねいに話を聞き、説明し、よりよい方向に調整していくことになる。同じ方向を向いていることを前提に、調整力を発揮していきたい。調整場面の場数を踏むことで調整力を高めていきたい。

〈人間関係力〉

　調整とは、互いの考えや主張を理解したうえで、合意形成を図っていく作業である。教職員と教務主任の調整以外にも、教職員どうし、管理職、地域、他校といった調整場面が想定できる。いずれの場面でも大事なことは、人に対する敬意である。敬意を前提に、傾聴し、共感しながらコミュニケーションを取っていく。人間関係が構築されることで、よりよい方向で合意形成が図られる。

　また、調整力には妥協力も含まれることを理解しておきたい。自分の主張を通すことではなく、ある場面では妥協することで互いの納得解を得ることができる。

〈教職員のウェルビーイング〉

　教職員それぞれが、自らの思いや願いを実現できる組織、いわゆる心理的安全性が保障された組織は、教職員のウェルビーイングを実現できる組織である。しかし、だからといって何でも可としては、組織は成り立たない。まず、教職員個々の思いや願いが校長の学校経営計画の具現化に沿っているか否かという判断が必要になる。めざす方向性と乖離がある場合は、それを指摘し、修正を促すことが調整の第一歩となる。

　方向性が合致すれば、教務主任が調整力を発揮し、それぞれのよさを引き出しながら合意形成を図っていく。組織への貢献、子どもたちの成長の実感は、個々のウェルビーイングを向上させ、働きがいに向かっていく。

〈教務主任に求められるもの〉

　調整力は教務主任の仕事の神髄である。教職員個々の成長やウェルビーイングの向上と、組織としての学校を盤石にするという職責の二つを融合させていくのが教務主任の調整力である。教務主任にはこの二つの視点で学校を見ていくことが求められる。とくに、ウェルビーイングの向上は、心理的安全性によってもたらされるものであり、人への感謝と敬意を核にして人として常に成長することをめざす教務主任でありたい。

情報収集力

①すべては情報収集から始まる。
②必要な情報はすぐに共有する。
③情報収集のルーティーンをつくる。

　学校運営が円滑に進んでいるか否かを判断するには、情報収集による評価が必要である。さらに、日々の問題解決も情報収集から始まる。組織にとって情報は命であり、必要な情報は迅速かつ、もれなく教職員間で共有されなければならない。教務主任はその中心的な役割を担っており、教務主任の情報収集力が重要になる。

　情報は自ら収集するだけでなく、情報が集まる仕組みをつくっておくことでその効率が高まる。

〈二つの情報収集〉

　教務主任が立てた計画の進捗状況を把握するには、情報収集が欠かせない。子どもたちや教職員の様子を観察したり、直接的に声を聞いたりすることで評価し、改善することになる。教務主任の情報収集力は、観察力や傾聴力に支えられている。

　さらに、教務主任の情報収集力は、日々の問題解決場面でも発揮される。それは、危機管理能力とも言えるものである。学校内外の違和感を感じ取ったり、観察を通して問題の芽を発見したりする情報収集力が求められる。教務主任の情報収集力は、自らの仕事を円滑に進めるだけでなく、学校運営上の問題解決を通して、円滑な学校運営にも資する。

〈情報収集と情報共有〉

　組織は情報の共有によって動いている。教務主任には、組織運営に有効な情報を収集し、共有するという役割がある。子どもたちの健康や安全に関する情報、問題行動等に関する情報など、教職員と連携して情報を収集し、共有することでそれぞれの教職員の職務や学級・学年経営に生かすことができる。その意味でも、情報共有には即時性が必要である。

　また、教務主任は常にアンテナを高くし、子どもたちにかかわる報道や自治体の教育施策、教育界の動向に関する情報を収集し、共有のための発信をしていきたい。

〈情報収集力を高める〉

　教務主任の情報収集力を高めるには、自らのアンテナを高くするだけでなく、情報が入ってくる仕組みをつくることが重要である。インターネットのニュースサイトにキーワードを登録しておけば、関連する情報が入ってくる。また、文科省や自治体等のメールマガジンを登録すれば定期的に情報収集ができ、教育界の動向を知ることができる。

　学校内においても、学校運営にかかわる情報が教職員から教務主任に集約される仕組みをつくっておきたい。集まった情報を整理し、管理職に報告する。管理職の判断を経て行動を起こす。この一連の営みが学校運営であり、危機管理である。情報に敏感になり、どんな情報にも価値を見出す感覚を大切にしたい。

〈教務主任に求められるもの〉

　同じ現象を見ても、そこから有益な情報を得られる人とそうでない人がいる。日々の学校運営から情報を得るには、受け手の感覚を高めていく必要がある。教務主任に求められる情報収集力とは、教育や学校運営に関する感性と改善意欲に依存する。

　教務主任の情報収集力を高めるためには、自分なりの方法を確立することが必要である。さらに、情報と情報を結び付け、情報に価値をもたせる力も含めて情報収集力と捉えていきたい。

ICT活用力

はかどるポイント

① ICTは教務主任の仕事を軽減させる。

②使いながら習熟していく。

③ ICT活用を広げていく。

　校務支援ソフトの導入等、教育の情報化の進展に伴い、教務主任の仕事の仕方も変わってきている。校務支援ソフト等を活用し、効率化を図ることで、自身の仕事量の軽減はもとより、学校全体の働き方改革にもつながる。子どもたちの1人1台端末も含め、使うか使わないかという判断はない。上手く活用するために自己研鑽に励むとともに、教務主任が学校全体のICT活用能力を上げていくような動きをすることが期待される。

〈効率化を図る〉

　ICTの活用は、校務改善による学校における働き方改革を加速させる。校務支援ソフトのコミュニケーションツールを使えば、打ち合わせや会議を削減することができる。ファイル共有機能を使えば、ペーパーレスも実現する。さらに、子どもたちや学校運営に関する情報をデータベース化しておけば、時短につながる。教務主任がこれらの機能を使っていくことで、自身の職務の軽減はもとより、学校全体の効率化を図ることができる。そのためにも、教務主任のICT活用力が重要になる。

　教務主任のICT活用能力によって、教職員の職務の軽減や学校運営の効率化が実現することを肝に銘じたい。

〈使いながら覚える〉

　既存のアプリケーションも校務支援ソフトも、かなりのことができる。「こんなことはできないか」と思ったら、すぐに調べる習慣を身に付けたい。説明書だけでなく、ネット上にも役立つ情報が上げられている。子どもたちの1人1台端末がそうであるように、教職員、とくに教務主任も使いながら覚えることが大切だ。また、ICTに長けた教職員に教えてもらったり、他校の教務主任と情報共有したりするという方法もある。また、打ち合わせや会議の削減やペーパーレスの実現といった活用の目的を明確にしておかないと、使うことが目的となってしまうことに留意したい。

〈教職員に広めていく〉

　教職員のICT活用能力の格差は大きい。しかし、使わないという選択肢はなく、活用することを前提として考えていくべきである。その際、組織としてのICT活用の先頭に立つのが教務主任であり、学校全体のICT活用能力を高めていきたい。たとえば、教務主任の情報発信を、常に校務支援ソフト上で行うことで、教職員も必然的に使う機会が増える。必然性があれば覚え、使い出せばできるようになるのが人の学びである。

　それは、日々の授業も同様である。子どもたちの1人1台端末の導入によって授業や家庭学習のあり方が大きく変わった。ICT機器は、個別最適な学びと協働的な学びをつなぐものである。教務主任の授業での活用も学校全体に伝えていきたい。

〈教務主任に求められるもの〉

　ICT活用能力は、授業力や学校運営力の共通要素となった。教育の情報化が進むなか、教務主任はその先頭を走っていたい。常に技術や知識をアップデートし、時代の流れに取り残されないようにするためにも、活用しながら習熟を図っていきたい。また、困ったときの解決策として、ヘルプデスクやネット情報、頼りになる人材の存在など、複数の方策をもっていることも重要である。教務主任のICT活用能力は、学校を進化させる。

終章 | 教務主任に求められる10の資質・能力

問題解決力

はかどるポイント

①学校運営は日々の問題解決の連続である。
②教務主任の違和感が問題解決の始まりである。
③問題を見出すには観察力が必要である。

　学校は日々さまざまな問題が発生する。教職員一人ひとりで解決できる問題から、組織として対応すべき問題まで、そのレベルの幅は大きい。その問題を確実に解決していくことが学校運営である。
　問題が顕在化する前に手を打つことで、解決のための労力は少なくなる。そのためには、教務主任の問題発見力が求められるが、それは、ちょっとした違和感のようなものから始まる。教務主任の問題解決力の高さは、学校運営を円滑に進める。

〈日々、問題解決〉

　学校は、子どもたちと教職員で構成されるだけでなく、保護者や地域の人々といった多くの人の集まりによって成り立っている。人が集まり、かかわりが生まれれば、何らかの問題が発生するのは当然である。学級内での子ども同士の問題、教職員間の問題、教職員と保護者の問題、学校と地域との問題など、日々問題が発生し、解決していくことこそが学校の営みであると言える。問題が大きくならないうちに、または問題にならないように先手を打てば、子どもたちの教育に専念することができる。教務主任には、問題の芽を発見し、問題にならないように対応するといった危機管理意識をもって日々の職務を遂行することが求められる。

〈違和感を大切に〉

　問題の芽は「違和感」によって顕在化してくる。いつもと異なる状況、いつもとは異なる動きを察知したときの違和感を大切にしたい。その違和感を、危機の前兆として捉えれば、問題の芽を摘むことができるかもしれない。

　子どもたちや教職員のちょっとした会話からも危機の萌芽を感じ取ることができる。その瞬間の「あれっ」という感覚を忘れないようにするためには、すぐに行動に移すことである。「それってどういうこと」と問い返すことで、問題の本質が見えてくることがある。たとえ杞憂に終わったとしても全く問題はない。

〈観察力を鍛える〉

　同じ状況を見ても、何も感じない人もいれば、違和感や危機感を抱く人もいる。違和感は視覚や聴覚などの諸感覚がキャッチした情報が脳内に集約され、過去の経験や知識と照合されることで生まれる。それが観察力であり、観察力は情報を得る力だけでなく、思考力を伴う。

　観察力を鍛えるためには、諸感覚を磨くことはもとより、過去の経験や知識と結び付ける力が必要である。観察して問題解決につなげるといった取り組みを繰り返すことで、観察する視点が明らかになっていく。子どもたちの靴箱の状況を見れば学級の状況が分かるという。教務主任の観察力は、何かあるはずだと思って見ていくことで高まっていく。

〈教務主任に求められるもの〉

　教務主任の観察力は、学校の課題を見出し、初期対応を可能にする。また、子どもたちや教職員の動きのよさも見出し、フィードバックすることで、学校の心理的安全性は高まっていく。

　さらに、教務主任には、見えないものを見る観察力も期待される。見えないところで学校運営に尽力している人たちの動きに気付き、感謝すること、教室や職員室に流れる空気から何かを察知するといった高度な観察力が求められる。

自己研鑽力

はかどるポイント

①教務主任としての自己研鑽が求められる。

②日々の職務を学びにする。

③教務主任の学ぶ力が学校力を高める。

　教員の研修義務は教育基本法や教育公務員特例法に規定されており、学び続ける教師の根拠となっている。教務主任も教員として学び続けることはもちろん、教務主任としての力量を高めるための自己研鑽力が求められる。

　教務主任の日々の職務の工夫改善こそが自己研鑽であり、職務を通して学ぶ力を高めていきたい。教務主任の自己研鑽力は、教職員に波及し、学校力の向上につながっていく。

〈教務主任の自己研鑽力〉

　教務主任の計画が精緻で、教職員とのコミュニケーションによって周知されていれば、学校運営は円滑に進む。まさに、計画が8割である。しかし、そのことに満足していては、学校改善は望めない。

　改善点を見出し、よりよいものをめざして工夫改善する姿、教育界の動向を捉え、自校に取り入れていこうとする意欲や熱意が教務主任の自己研鑽力である。自己研鑽力を発揮するためには、自身を客観視する力、メタ認知力が欠かせない。自らに足りないものは何か、情報収集力を発揮して周囲の反応から読み取っていく力も自己研鑽力を支える。さらに、その足りない力を高めるためにどうすればよいかを考えられることも自己研鑽力の条件となる。

〈職務を通して学ぶ〉

　教務主任研修会等の研修を通して学ぶことは、教務主任の職務を体系的に理解することに役立つ。しかし、最も有効な学びは、実践を通して学ぶことである。漫然と職務にあたるのではなく、教職員からのフィードバックを受けてすぐに改善するといった行動力が教務主任の自己研鑽力である。

　そのためにも、自らの職務に自分なりの目標を設定することが必要である。たとえば、「毎月〇日までに翌月の詳細な行事予定を示す」といった目標を設定して自らに課すことで、必然的に工夫改善の具体策を考えることになる。その思考こそが自己研鑽となる。

〈学びあう学校を創る〉

　教職員の学びも「個別最適な学び」と「協働的な学び」が必要であるとされている。その前提として、教職員一人ひとりの「学びに向かう力」が必要であるが、その個人差は大きい。そこで、研究主任や研修担当と協働し、学校全体の学ぶ力を高めていきたい。学びあう学校をつくっていくには、その雰囲気を醸成していくことに加え、ロールモデルが必要となる。

　教務主任の自己研鑽を通して学び続ける姿は、教職員のロールモデルとなる。自ら学びの場を求め、目標を設定して実践しながら改善する姿は、授業力向上にもつながるものである。さらに、教務主任は、教職員の誰からも学ぼうとする謙虚さをもち続け、その姿を見せていきたい。その謙虚さが学びあう学校をつくっていくのだ。

〈教務主任に求められるもの〉

　子どもたちに学ぶ力を育んでいくためには、教職員自身がその姿を見せていく必要がある。教職員の自己研鑽力は、学び続ける教師を体現し、職としての自らを高め確立していくことに必要な力である。とくに教務主任には、教職員の自己研鑽力を牽引し、学校力を高めていく力が求められる。また、学びには謙虚さが必要であり、子どもたちから学ぶことこそ、教員の学びであることも忘れてはならない。

人間力

はかどるポイント

①教務主任としての人間力が学校の心理的安全性をつくる。

②教育者としての人間力を磨く。

③人としての生き方を示す。

「教育は人なり」と言われるように、学校教育の成否は教職員の資質・能力、人としてのあり方に大きく依存する。学校運営を中心的に担う教務主任は、教職員からの信頼がなければ仕事は成り立たず、より高い人間力が求められる。

　教務主任の高い人間性は、学校の心理的安全性を高め、子どもたちや教職員のウェルビーイングが実現する。本書の締めくくりは、教務主任の人間力について考えていく。

〈心理的安全性の確立〉

　心理的安全性の確保は、組織運営のキーワードとなっている。教室における心理的安全性の確保と同様に、職員室における心理的安全性の確保も必須である。心理的安全性とは、教職員が自分の思いや考えを安心して発言・表現できる状態である。何を言っても否定されず、まず聞いてくれる環境があれば、教職員は安心して自らの能力を発揮できるだけでなく、学びに向かう力も発揮される。

　この理想的な状態をつくっていくのが管理職であり、教務主任である。とくに、教職員とのコミュニケーションが多い教務主任には、その人間性の高さが求められる。この教務主任なら話を聞いてくれる、相談できると思わせるような人間性、人柄が重要である。

〈教育者としての人間力〉

　学校教育は子どもたちに知識を注入することではなく、子どもたちがもっている力を引き出すことである。ここには、子どもたちを一人の人間として尊重し、温かく見守るという精神性がある。人権尊重の精神を基盤に、深い愛情と共感力をもって子どもたちに接することが教育者としての人間力である。

　教務主任にはさらに、学校の教育目標の達成や校長の学校経営計画の具現化に向けて邁進する精神性と教職員と協働して目標を達成していこうとする高邁な精神が求められる。

　一方で、自らを肯定し、自信をもって指導にあたるという自己肯定感も人間力には欠かせない。教務主任が自らの職責を果たすために真摯に職務を遂行することで生まれる力である。

〈人としての生き方を示す〉

　学校運営を担う教務主任は、教育のプロとしての姿に留まらず、教職員に対して人としての生き方を示していきたい。それは、子どもたちはもちろん、誰に対しても誠意をもって接する姿であり、職務に対しても最善を尽くそうとする態度である。精神的にも安定し、落ち着いていて誰からも信頼される人として尊敬される生き方を示していきたい。

　教務主任の人間力は、その生き方に表れる。日々の行動や言動に細心の注意を払っていきたい。

〈教務主任に求められるもの〉

　教務主任は、その職を通して、自らの人間性を高めることができる。誰に対しても敬意をもって人に接し、真摯に職務に臨んでいくことでその人間力が高まっていくことを忘れてはならない。

　教務主任の人間力は、学校を明るくし、心理的安全性を高めることに貢献する。教務主任は仕事量も多く、責任も重い。それでも、学校運営を担うという重責をプライドに変え、自らの人間力を高めながら職務を遂行する力が求められる。元気で明るく、温かい教務主任をめざしていただきたい。

おわりに

　本書で取り上げた内容は、次の二つに大別できる。

○教務主任に求められる普遍的な内容

○時代の変化に対応して教務主任に新たに求められる内容

　この二つは、いわゆる教務主任の「不易と流行」とも換言できる。

　では、教務主任の不易、本質とは何か。

　教務主任の本質は、学校教育法施行規則に示された「必置主任」であり、「校長の監督を受け、教育計画の立案その他の教務に関する事項について連絡調整及び指導、助言に当たる」（同規則44条の4、中学校等も準用）という職責があるということである。

　ここで言う「教務に関する事項」の範囲は広く、時代とともに変わっていく。ここがまさに教務主任の職務の「流行」の部分である。さらに、「連絡調整及び指導、助言」の内容や方法も教職員や学校の状況によって変わってくる。若手教員や経験の浅い教員の増加によって、自ずから指導・助言の内容や方法も変える必要がある。また、学校の情報化に伴うICT機器の導入は、教職員間のコミュニケーションの方法を大きく変えてきた。

　時代の変化に対応することが、教務主任の流行である。本質を忘れることなく、新しく変化していくものを積極的に取り入れていくことが教務主任に求められている。そのためにも、教務主任は「流行」に敏感でなければならない。終章で示した「教務主任に求められる10の資質・能力」を発揮して、時代の先を読む教務主任でありたい。

　教務主任は、管理職との連携が必須であり、管理職の人となりや考え方を最も身近に感じているはずである。それは、いつしか自らも管理職をめざしたいという気持ちにさせるのではないだろうか。教務主任の職務を通して学校経営への興味・関心が高まり、自らのキャリアアップにつながるのは望ましいことである。そう思った瞬間から、管理職の視点がより明確になってくるのではないだろうか。

教務主任の職務を通して学んだことを実績として整理し、管理職への準備を始めていただきたい。

　さて、「はじめに」でも述べたように、本書は、学校運営の実務者としての教務主任の職務を通して、学校経営のあり方や教育課題への対応について考え、改善・解決の糸口を示すことをめざしてきた。ここに示したものが唯一の正解というわけではなく、ご自身の学校の実態に合わせて、カスタマイズすることが必要である。このカスタマイズ力こそ、学校改善のキーワードとなる。他校のベストプラクティスを自校に合わせて最適化していくという営みがカスタマイズ力である。既存のものに手を加えたり、組み合わせたりすればよりよいアイディアが生まれる。

＊

　本書の執筆は、主催する校長学研究会のメンバーである７人の校長先生方にお願いした。月１回の研究会では、自校の経営課題についてOODAループの手法を用いて整理して発表し、解決に向かっていく過程を共有してきた。毎回の報告には必ず教務主任の役割や活躍についての言及があり、学校経営において校長がどれだけ教務主任を頼りにしているかが分かるものだった。

　ここで執筆を担当していただいたメンバーに感謝申し上げる。

　また、本書の企画・編集にあたっては、株式会社教育開発研究所の山本政男さんにたいへんお世話になった。さまざまにアイディアをいただき、書籍としてのコンセプトを確立していただいた。

　改めて感謝の意を表したい。

2024 年 3 月　編者・喜名　朝博

◆執筆者一覧◆

【編集】

喜名　朝博　国士舘大学教授／元全国連合小学校長会長

【執筆】〈執筆順〉

喜名　朝博　国士舘大学教授／元全国連合小学校長会長（序章・終章）

太巻　美青　東京都中野区立緑野小学校長（1章）

飯川　浩二　東京都江東区立数矢小学校長（2章）

清水　　太　東京都江東区立深川小学校長（3章）

川原　哲郎　東京都港区立芝小学校長（4章）

久保田恵美　東京都新宿区立淀橋第四小学校長（5章）

望月　　潔　東京都江東区立東雲小学校長（6章）

太田　智恵　東京都江東区立第四砂町小学校長（7章）

2024・2025
教務主任の仕事 A to Z　楽しくやりきる 90 のコツ

2024 年 4 月 1 日　第 1 刷発行

編集—————————喜名朝博
発行者————————福山孝弘
発行所————————㈱教育開発研究所
　　　　　　　　　　〒 113-0033　東京都文京区本郷 2-15-13
　　　　　　　　　　TEL　03-3815-7041（代）FAX　03-3816-2488
　　　　　　　　　　https://www.kyouiku-kaihatu.co.jp
　　　　　　　　　　E-mail=sales@kyouiku-kaihatu.co.jp
装幀—————————長沼直子
本文デザイン————shi to fu design
印刷所—————————中央精版印刷株式会社
編集人————————山本政男

ISBN978-4-86560-590-7　C3037